Best-selling global

success

Inspirational classic

卡耐基好口才打天下全集

主 编 张艳玲

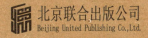

Beijing United Publishing Co.,Ltd.

图书在版编目（CIP）数据

卡耐基好口才打天下全集 / 张艳玲编. —北京：北京联合出版公司，2011.3
（2021.3 重印）

ISBN 978 – 7 – 5502 – 0218 – 4

Ⅰ . ①卡… Ⅱ . ①张… Ⅲ . ①口才学 – 通俗读物
Ⅳ . ①H019 – 49

中国版本图书馆 CIP 数据核字（2011）第 049683 号

卡耐基好口才打天下全集

全案策划： 华图书业 HUATU BOOKS

主　　编： 张艳玲

责任编辑： 徐秀琴

审读编辑： 常玉凤

出 版 社： 北京联合出版公司

地　　址： 北京市西城区德外大街 83 号 9 层

电　　话：（010）65489184（发行部）

印　　刷： 三河市延风印装有限公司

开　　本： 1/16

字　　数： 99 千字

印　　张： 13

版　　次： 2011 年 4 月第 1 版

印　　次： 2021 年 3 月第 4 次印刷

标准书号： ISBN 978-7-5502-0218-4

定　　价： 29.80 元

前 言

从来没有哪一个时代的人们像今天这样如此的重视"成功","成功"成为这个时代被使用最频繁的字眼。那么,什么是成功?成功当指成就功业或达到预期的结果。成功当有两个方面的含义:一是个人的价值得到社会的承认,并赋予个人相应的酬谢,如金钱、房屋、地位、尊重等;二是自己承认自己的价值,从而充满自信,并得到幸福感、成就感。成功的含义是丰富的,可惜,在这个时代,很多人过于强调前一种含义,而忽略了后一种意义。而只有造福于社会,获得社会的承认,赢得他人的尊重,才称得上是真正的成功。

事实上,成功是一种积极的心态,是每个人实现自己的理想后,自然而然地产生的一种自信和满足心态。

成功学的历史很短,只有100多年。这门学科以社会中各种成功现象为研究对象,从中发现规律,并指导人们走上成功之路。当然,成功没有捷径,但是,有了成功学的指导,有志于成功的人士可以少走弯路。这也是自成功学诞生100多年来,一直受到人们关注的原因。

戴尔·卡耐基(Dale Carnegie,1888—1955),美国著名的心理学家和人际关系学家,20世纪最伟大的人生导师。他一生从事过教师、推销员和演员等职业,这些职业对他以后的事业都有很大的影响。

哈佛大学著名心理学家与哲学家威廉·詹姆斯教授说:"与我们应取得的成就相比,我们只不过是半醒着,我们只利用了身心资源的一部分。卡耐基因为帮助职业男女开发他们蕴藏的潜能,在成人教育中开创了一种风靡全球的运动。"

卡耐基一生中写了《演讲的艺术》、《人性的光辉》、《人性的弱点》、《人性的优点》、《美好的人生》、《伟大的人物》、《快乐的人生》等多部著作。这些著作是卡耐基成人教育实践的结晶,他的思想影响了世界上无数人的生命历程。

本书是根据卡耐基的经典著作《演讲的艺术》编写而成的,是一本关于如何有效"说话"的实用性的书,它将帮助你成就非常人生的非常口才。现代社会,良好的口才、融洽的人际关系、积极的心态是人们取得事业成功和生活幸福的重要因素,而口才又决定着一个人生活和事业的方方面面,我们时时刻刻都离不开口才。好口才可以帮助你变劣势为优势,给你的生活和事业带来意想不到的好处。一个具有出类拔萃的口才的人,就拥有优秀人生的基础,所以,口才的训练在一个人的一生中是至关重要的。

卡耐基的口才培训,融合了演讲术、推销术、心理学、商业谈判等各种技巧和经验,他不是教给我们刻板的教条,不需要我们装腔作势,歇斯底里,他告诉我们只要克服恐惧,建立自信,顺乎自然地发挥自己的潜能,就能拥有卓越的口才。但愿我们能从一代大师的著作中获得启发和帮助。

目录
contents

第一章

01

恐惧是演讲的死对头

即使登台的恐惧一发不可收拾，思想滞塞、言语不畅、肌肉痉挛无法控制，严重影响你说话的能力，你也没有必要绝望。这些症状在初学者中很常见，只要你多下工夫，就会发现这种恐惧很快就会减少到最低的程度，这时，它就是一种助力，而不是一种阻力了。

——卡耐基 《演讲的艺术》

没有任何人是天生的大众演说家。在古希腊、古罗马时代,当众演讲是一门精致的艺术,必须谨遵修辞法和优雅的演说方式。一个出色的演讲家往往也是一位杰出的政治家,比如西塞罗、德摩斯梯尼、恺撒等等。随着时代的发展,现在的演讲,从某种意义上讲,其实就是一种扩大了的交谈。

那种充满激情的演讲方式固然可以振奋人心,但随着人们交往的扩大,演讲已经不再局限于讲坛上。事实上,与人共进晚餐,看电视,听收音机,各种各样的交谈方式,都可以归纳到口才上。

当众演讲不是一门封闭的艺术,并不像许多的教科书要我们相信的那样,只有经过多年努力地美化声音,及与修辞学的奥秘奋战之后才能成功。

但是,很多人对演讲充满了恐惧。美国一位年轻的议员在向一位年老的有经验的议员请教时说:"我在演说之前心里老是'扑通扑通'的直跳,这是不是异常?"年老的议员回答:"那是因为你对于你要说的话进行着认真的考虑,这是必然的。即使你到了我这个年龄,也难免会出现这样的情况。"

据说,美国有位播音员,起初每次临近播音的时候,都要先到浴室洗个澡,否则就不能镇定自若。如果碰到外出进行现场直播,他就不得不提前到达目的地,并在直播现场寻找浴室。

这说明,对演讲的恐惧不是个别现象,每个人都会因为当众演说而产生恐惧的心理。

戴尔·卡耐基经过多年的调查得出一个统计数据:"有 80%～90% 的学生,对上台说话感到困扰,而已经步入社会的成年人,则 100% 地恐惧公开发表演说。"幽默大师和演讲家马克·吐温,在描述自己最初演讲时的心理感受时说:"嘴里像是塞满了棉花,脉搏跳得像是在争夺赛跑奖杯。"古罗马时期伟大的演讲家西塞罗也说:"演说一开始,我就感到面色苍白,四肢和整个心灵都在颤抖。"类似的体验林肯和丘吉尔也有。林肯说他在演说时,"也有一种畏惧、惶恐和忙乱"。丘吉尔说他在演讲时,"心窝里似乎塞着一个几寸厚的冰疙瘩"。英国首相狄斯瑞黎甚至公开承认:"他宁愿带一支骑兵冲锋陷阵,也不愿首次去国会上发表演说。"

可见,恐惧心慌是初登讲台者的普遍心理,即使世界一流的演说家也未能幸免。但我们必须战胜它,正如罗斯福总统所言:"我们唯一要害怕的,就是害怕本身。"

成功学大师卡耐基曾讲述一个真实的例子。

家庭医生克狄斯大夫有一次前往佛罗里达州度假。度假地离著名的巨人棒球队的训练场地不远。克狄斯大夫是一位铁杆球迷,他经常去看他们练习,渐渐地他就和球员们成了好朋友。一天,他被邀请参加球队的一个宴会。吃饭前,宴会的主持人请他就棒球运动员的健康状况谈一谈自己的想法。

克狄斯是专门研究卫生保健的,他行医也已30多年。对主持人提出的这个问题,他根本不用任何准备就可以侃侃而谈。可是,让他当着众人的面发表谈话,他还是第一次。当听到主持人提到他的名字时,他的心跳就加速了,他简直不知所措。他努力想使自己镇静下来,可无济于事,他

的心脏仿佛就要跳出胸腔。这时参加宴会的人都在鼓掌,全都注视着他。怎么办?再三思虑之后,他摇摇头,表示拒绝。但却引来了更热烈的掌声,听众也自发地呼喊起来。

克狄斯心里清楚,在这种极其沮丧的情绪支配下,自己一旦站起来演讲,肯定会失败,更可怕的是可能连五六个完整的句子都讲不出来。他只好站起来,背对着朋友,默默地走了出去。

自此之后,克狄斯便参加了卡耐基口才培训班,经过一个月的培训和他自己的刻苦努力之后,他的恐惧感渐渐消失了。后来,他成为演讲名家,并到各地演讲,传授他的健康经验。为此,他还结交到了许多朋友。

既然人人都有恐惧心理,那么怎样战胜这种心理呢?

第一,要弄清楚为什么会恐惧。几乎所有的演讲者都有过怯场,都有过相同的恐惧心理:一切会正常无误吗?我会不会漏词?听众会喜欢我的主题吗?有恐惧心理是人体器官正常动作的一种先兆。当一个人处于大庭广众之下,或见到意想不到的陌生面孔后,五官感受到了,随后便做出反应,明显的症状便是脸红心跳、语无伦次、词不达意,等等。如果此刻演讲者想:"我该说什么啊?"他的头脑里就会一片空白,就会因慌张而说不出话。如果他当时想:"假如别人遇到这么大的场面,说不定还不如我呢!"那他心里可能就会慢慢踏实起来,很快恢复镇定。

第二,有些人在演讲的时候恐惧,是因为他太在意自己。这样的人总担心自己根底浅,一旦面对大众讲话,自己的短处就暴露了,觉着不说话更稳妥些。可是,现代社会是高度社会化的,一个人总免不了要和社会接触,与他人接触,而语言是最重要最普遍的交往工具。不习惯语言交流的人慢慢也许就会被遗忘了。不如做这样的设想:"尽管我有一些缺点,但我也有更多的优点,我为什么不通过在大众面前的讲话把我的优点展现出来呢?"如果你能这么想,恐惧便会离你而去了。

第三,有些人不愿意演讲,是因为他不知道怎样组织内容。有的人总觉得自己掌握的东西不少,可就是不知道从哪儿开始说起,不知道怎么把自己要说的东西好好地串联起来,在有限的时间里更好地把自己展现给他人。如果是这样,那就比较好办了,你只需提前多做些准备就够了。演讲大师林肯总统曾指出:"即使是有实力的人,若缺乏周全的准备,也无法做到有系统、有条理的演说。"对那些经验不足和实力欠缺的人来说更是如此。而经过充分的准备,可以确保演讲的成功,还会使演讲者本人增加自信心。自信当然是战胜一切恐惧的最好武器。

第四,陌生环境造成心理恐惧。当我们置身于不熟悉的环境和气氛中,站在不经常站的讲台上,以少有的角度、距离和方式,面对众多的人,紧张的感觉是不可避免的。这时,演讲者会不由自主地产生"孤独感"和"危机感",甚至会想:"我怎么会在这里,我要干什么?"于是,大脑一片空白。

第五,消极心理作祟。日本学者多湖辉在《奇妙的自我心理暗示》一书中说:"人因悲伤而哭泣,但往往因哭泣而悲伤。世界上有许多被不安、自卑感所苦恼的人,他们总以为自己对任何事情都无能为力,这显然是陷入了副作用的自我暗示的陷阱中。"怯场的深层原因是一些削弱自信心的消极心理暗示在作怪。如担心自己知识不够、经验不足,听众评价自己的演讲浅薄、荒唐;怕演讲中出现意外,自己不能应付自如;看到前面的演讲者从容不迫、滔滔不绝时,更加心虚和胆怯;估计自己形象欠佳,可能无法取悦听众等。消极心理暗示,使人保守地评估自我,对自己的体面和虚荣采取过分的防护态度。

第六,来自听众的压力。人聚成众,众则有势,势则生威。即使听众对演讲者不构成任何危险和威胁,也会令演讲者承受一种无形的心理压力,使其不适而生惶恐。假如演讲者确信听众比自己更了解演讲的主题,或者对自己抱着不友好的态度,就更易形成直接的心理压力,从而使演讲者产生迅速逃避的意向:"赶快讲完算了。"

当众演讲应该是现代人必备的一种技能,如果你是一个不善言辞的人,人家对你可能并没有太高的期望值,那你就更不应该紧张了。而见识广博、经验丰富的演说家,常常因为大家寄予的厚望而身负压力,并且心情更加紧张,只不过他们掩饰得好,别人没有看出来罢了。

当然,最终能不能克服恐惧,还是像卡耐基告诉我们的那样:"要克服当众说话那种天翻地覆的恐惧感,最好的方法是以获取成功的经验做后援。"

02

第二章

时刻不忘自己的目标

当众演讲的训练，是帮助你培养自信的好方法。因为你一旦发现自己站在公众面前仍然能够伶牙俐齿、条理清晰地对着他们说话，那么，你在和别人交谈时，必定会更有信心和勇气。

——卡耐基 《演讲的艺术》

　　法国哲学家萨特曾说,他所掌握的口才的技巧带给他莫大的快乐,这也正是他之所以能取得成功的原因。

　　曾任美国国家现金注册公司理事会会长,联合国教科文组织主席的艾林在《演讲季刊》中写了一篇题为《演讲与领导在事业上的关系》的文章。他在文中指出,在从事商业这行的历史中,有不少人是借着讲坛上的杰出表现而得到器重的。许多年以前,有位青年,当时是堪萨斯州一处小分行的主管,在做了一场十分精彩的演讲之后,成为公司的副总裁,后来又成为国家现金注册公司的总裁。

　　能从容不迫地站起来面对听众侃侃而谈,这样的好口才会使人的前途无可限量。美国汉弗公司的总裁亨利·伯莱斯通认为:"和人们进行有效的交谈,并赢得合作,是每一个正在努力追求上进的人所必须具备的一种能力。"

　　想一想,当你充满自信地站起来与听众共同分享自己的思想和感受时,是多么满足和舒畅。其实,用语言的力量影响全场听众的那种愉悦感,是其他任何事物都无法比拟的。它能带给人们一种力量和强劲感。有人曾经这样说过,发表演讲的最初两分钟即使挨鞭子也无法开口,但到临结束前的两分钟,宁可吃枪子儿也不愿意停下来。

　　现在就请闭上眼睛想象一下:面对着很多的听众,充满自信地迈步走上讲台,听听你开场后全场的鸦雀无声,感觉一下你深入浅出、一语中的的听众的全神贯注,感受你离开讲台时掌声的热烈与温馨,并微笑着接受大家对你的赞赏。

　　练习好口才,其好处不仅仅是可以做正式的公开演讲。事实上,即使一个人一辈子都不需要正式的公开演讲,但接受这种训练的好处仍然是多方面的。例如,当众演讲的训练,是帮助人们培养自信的方法。

　　因为如果一旦发现自己能够站起来,口齿伶俐、头头是道地对着人群说话,那么在和别人交谈时,一定会更有信心和勇气。

　　大西洋城的外科医师兼美国医药学会的前会长大卫·奥默博士,曾为当众演讲的好处,开列了如下处方:

　　为了能够让别人走进你的脑海和心灵，一定要培养一种能力。试着面对单独的人或者在众多人面前清晰地表达自己的思想和理念。当你通过这样的努力而不断进步时，便会发现，自己正在塑造一种崭新的形象，这种形象会让周围的人大吃一惊。

　　从这个处方中，你会得到双倍的好处。当你开始对人讲话时，你的自信心也会随之增强，而性格也会越来越温柔和美好，这将意味着你的情绪已渐入佳境。身体自然也会跟着好起来。在这样一个竞争如此激烈的年代，无论男女老少，都需要当众讲话。他十分清楚它给健康带来的好处。只要有机会便对几个人或更多的人说话，这样就会越说越好，同时也会感到神清气爽，感觉自己完整无缺。这些都是训练之前体会不到的。这是一种畅快、美妙的感觉，没有任何药物能给你这样的感觉。

　　集中全力，时刻不忘自信与谈笑风生的说话能力对你有多重要：想想因此而结交朋友，在社交上对你的重要性；想想自己服务人群、社会、教堂的能力将会大增；想想它在你事业上将会产生的影响。简言之，它会为你未来的发展而铺路。

　　哈佛大学最杰出的心理学教授威廉·詹姆斯曾写过六句话，这六句话很可能会对你一生产生深远的影响。这六句话是阿里巴巴勇敢的开门口诀:"几乎不论任何课程,只要你对它满怀热忱,就可确保无事。倘使你对某项结果足够关心,你自然一定会达成。如果你希望做好,你就会做好。假若期望致富,你便会致富。若是你想博学,你就会博学。只有那样,你才会真正地期盼这些事情而心无旁骛,并不会费许多心神再去胡思乱想许多不相干的杂事。"

因此,想象自己成功地做着目前自己所害怕做的,全心全意地想着自己能够当众说话,并获得接纳时会有怎样的好心情。牢记威廉·詹姆斯的话:"倘使你对某项结果足够关心,你自然一定会达成。"

要取得演讲的成功,就要学习以自我为主的技巧,不要心里老想着要依赖什么。依赖演讲稿和别人都不能使自己成功。所有的胜利都是自己努力的结果,只要你对自己负责,对自己充满信心和热忱。因为无论是谁,心中都会有一些热忱,这种热忱实际上是一种可贵的能量,用你的火焰去点燃别人内心热忱的火种,那么你就完成了一次成功的演讲。

第三章

03

相信自己一定会成功

从今天开始，你一定要积极地思考，自己的这番努力一定会换来成功的，你一定要对自己在众人面前说话的努力结果持轻松乐观的态度。要在每个词句、每项行动上烙下决心的印记，全力培养自己的这种能力。

——卡耐基 《演讲的艺术》

　　过度的紧张有害无益,而适度的紧张不仅无害,反而有益。心理学家斯皮曼说得好:"不是要消除紧张,而是要消除慌乱。"戴尔·卡耐基也说过:"少许的恐惧是有利的,可以加强临场感和说服力。"心理学研究证明:人们的紧张水平与活动效率呈"U"形曲线关系。这就是说,过低或过高的紧张都不利于活动,只有在适度的紧张状态下才会有好的效果。我们经常采取考试、评比、检查、竞赛等手段促进活动,其目的也在于促使人们产生紧张感,产生"活化效应"。适度的紧张会促使人体内肾上腺素的大量分泌,不仅能增加体力,也能大大促进人们的思维活动、注意能力、记忆能力等,"急中生智"与"急中生力"就是例证。适度的紧张还能激励人们认真地、审慎地对待活动,而不至于盲目自信、草率从事。

　　当众演讲并不是我们想象的那样不容易。试想一下,当你从容不迫地站在讲台上,充满自信地面对听众,当你说出第一句话时,全场安静无声,人们都在全神贯注地倾听你生动的演讲;请你也想象一下,在你演讲结束时,听众给你的雷鸣般的掌声和欢呼声;会议结束时,听众热情地围过来对你大加赞美,你会是怎样的兴奋和激动啊。

　　从现在开始,就培养自己的这种能力吧,当然,首先要相信自己一定能成功。接下去,就是要训练自己的能力。

　　在演讲中,人们最注重的就是自我形象,成功的演讲必须要向自己的怯场心理挑战,不轻易放弃每一个锻炼的机会。英国现代剧作家和评论家乔治·萧伯纳,也是一位出色的演讲家。有人问萧伯纳,他是如何做到铿锵有力地当众演说的,他回答说:"我是用自己学会溜冰的方法来做的——我固执地让自己一个劲儿地出丑,直到我习以为常。"萧伯纳年轻时,是伦敦最胆小的人之一,他常常是在外面徘徊 20 分钟或更多时间,才有勇气去敲别人的门。他承认:"很少有人像我这样因为单纯的胆小而痛苦,或极度地为它感到羞耻。"

　　后来,他无意间用了最好、最快、最有把握的方法来克服自己的羞怯、胆小和恐惧。他决心把自己的弱点变成最有利的资产。他加入了一个辩论学会。伦敦一有公众讨论的聚会,他就会参加。萧伯纳全心投入社会

运动,为该运动四处演讲。借此,他熟悉了各种场合下的情景,取得了实际经验,也消除了人人都会有的紧张恐惧感。结果,他成为 20 世纪上半叶最自信、最出色的演说家之一。

西方有句格言:"诗人是先天的,演说家是后天的。"既然是后天的,当然就要训练。

第一,先将条理安排好。

准备演讲有没有一个正确的方法呢?有,而且很简单。首先,你可以根据你的经历和感悟,总结出一些经验,然后汇总由此得来的领悟和思索。确定你的主题,然后加以思想的延伸,条理清晰地罗列出来。很多年前,查尔斯·雷努·勃朗博士在耶鲁大学做演讲时说:"将主题深思熟虑,直至立意饱满,面面俱到,然后把这些想法以短语的形式记录下来……再依照你的条理,将这些片断写在纸上,这样整体大意明确而不纷杂,演讲时就可以很容易地把它们串联起来,而不致遗漏。"听起来不难吧?当然!它只需要花费你一点专注和思考就能完成。

第二,把听众当做朋友或客人。

跟亲密的朋友说话,相信谁都不会担心怯场。那么假如你在走上讲坛之前,把你面对的听众当成朋友或客人,你的紧张感就会消失了。据说日本有一位滑稽演员,每次上场前,会在自己手心上写一个"客"字,就是把观众当客人,这样就不会担心了,表演就会成功。

第三,脑子里经常浮现成功的情景。

想象别人的成功情景,你就会深受感动,你可以想象"我成功了"、"听众都在全神贯注地听着我演讲,一定是我的演讲吸引了他们"、"看他们那么热烈地鼓掌我真感动"……这些积极的暗示一定会给你以成功的信心。

第四,给自己打气。

不要想"这下我又要失败了"、"我腿都哆嗦了"、"我的题目没有刚才那位的好,听众肯定不喜欢"……这些负面的暗示只会把你引向糟糕的境地。要知道除非怀有某种远大的目标,并觉得自己在为此奉献生命,否则任何一位演说者都会对自己的主题产生怀疑。他会问自己,题目是否合适,听众是否会感兴趣等。很可能一气之下便把题目改了。这种时候,消极思想很有可能完全摧毁你的自信心,你应该为自己做一番精神激励,告诉自己,我的演讲很适合自己,因为那是我的经验,是我对生命的看法,我比听众中任何一位都更有资格来做这番特别的演讲。这样积极的暗示会对你的成功起到意想不到的激励作用。

第五,要训练自己说话的胆量。

很多人,别说在大庭广众之下做一番演讲,就是在一个陌生人面前都很难开口。不是他们不想说,而是不敢说。怎么办?要抓住一切机会,训练自己。要不断树立自己说话的信心,增强说话的魅力,真正做到既不盲目自信,也不妄自菲薄,既不焦躁狂傲,也不低三下四。

对我们每个人来说,说话的机会比比皆是,你不妨参加些组织,从事那些需要你讲话的职务。在公众聚会里站起身,使自己出个头,即使只是附议也好。开会时,千万别默不作声。尽量多说话!积极踊跃地参加各种聚会。你只要向自己的周围望望便会发现，所有的商业、社交、政治、实业，甚至社区里的活动都要向前迈步、开口说话。除非你说话，不停地说，否则你永远不会知道自己会有怎样的进步。

第六，在朋友面前预讲，是个很不错的方法。

演讲内容准备好了以后，你是否应该预讲一次呢？最有效的办法，就是在同事或朋友碰面时，把你打算演讲的主题表述出来。你可以在进餐时，装作无意地说起一个话题："乔，你知道吗？有一天我遇到了一件奇妙的事……"乔也许对你的故事很有兴趣，你要注意观察，看他有什么回应和感受，也许能带给你新的非常有价值的启发。虽然他并不知道你在练习演讲，但他可能觉得谈话很有意思。

著名的历史学家爱兰·尼文思曾经给作家们提出相似的建议："把你的构思给感兴趣的朋友详细说说，能够帮助你拓宽思路，拾遗补缺，还能帮你决定最为适宜的叙事方式。"

第七，运用积极的心理暗示。

运用积极的心理暗示，即尽量避免种种使人沮丧的因素，一上台只把注意力集中在眼前的动机和效果上，至于过后怎样评价，在演讲过程中是可以不加考虑的。正如华盛顿所说："我只知道眼前的听众，而我说的词，正是眼前的听众说的。"与此同时，利用内部语言不断地进行自慰、排解和鼓励，如：

"别人能行，我也能行。"

"别人能讲好，我可以讲得更好。"

"我准备得很充分，我一定能讲好。"

"我就是所谈问题的专家和权威，只有我最有资格发言。"

"讲得好坏没有关系，只要我按照准备的讲下去就是胜利。"

"听众是不会注意我讲的每句话的。"

"听众常常分心，他们爱想自己的事情。"

少做"我不如你"的自我否定。日本人甚至主张"把听众当傻瓜"。古希腊演讲巨匠德莫西尼在取得成功之前屡遭失败，朋友为其总结教训时说："你败于怯场。现在看来,你要设法越过心理障碍。我想,可以助你达到此目的的办法只能是:你应该在讲台上目中无人,权且把你的听众都当作驴!"虽然他这种说法不文雅,却让德莫西尼产生了积极的心理暗示,使其跨过心理障碍,最终取得了成功。

第四章

04

用真诚赢得信心

当你把想要表达的意愿发自内心地、真诚地表达出来时，演讲才更具说服力。我们首先要让自己有信心，才可能尽力说服他人。

——卡耐基 《演讲的艺术》

　　一场成功的演讲源于真诚。只要你捧出一颗恳切至诚之心，一颗火热滚烫之心，怎能不使人感动？怎能不动人心弦？

　　成功的演讲者知道怎样用真挚的情感竭诚地叩击人们的心扉，使人们振奋、激动、感化。对真善美的热情讴歌，对假恶丑的有力鞭笞，让喜怒哀乐溢于言表，使黑白褒贬泾渭分明，用自己的心去弹拨他人之心，用自己的灵魂去感动他人的灵魂，你的演讲就是成功的。

　　在演讲上，美国总统林肯为我们树立了极好的榜样。他告诉我们："我展开并赢得一场议论的方法，是先找到一个共同的赞同点。"这正是一场成功的演讲的秘诀之一。

　　一次，一群男女发现自己置身于风暴通路上。其实，倒不是真正的风暴，但多少可以这样比喻了。清楚一点说，这风暴是个名叫毛里斯·高柏莱的人。他们这样描述：

他起立讲话时，人人都目不转睛地望着他。

　　我们围坐在芝加哥一张午餐桌旁。我们早听说这个人的大名，说他是个雷霆万钧的演讲者。他起立讲话时，人人都目不转睛地望着他。他安详地开始讲话——是个整洁、文雅的中年人——他感谢我们的邀请。他说他想谈一件严肃的事，如果打扰了我们，请我们原谅。

　　接着，他像龙卷风一样吹袭过来。他前倾着身子，双眼牢牢地盯住我们。他并未提高声音，但我却似乎觉得它像一只铜锣轰然爆裂。"往你四周瞧瞧，"他说，"彼此瞧一瞧。你们知不知道，现在坐在这房间里的人，有多少将死于癌症？55岁以上的人4人中就有一个。4人中就有一个！"他停下来，但脸上散发着光辉。"这是平常但严酷的事实，不过不会长久这样下去，"他说，"我们可以想出办法，寻求进步的癌症治疗方法，研究它们发生的原因。"他神情凝重地看着我们，眼光绕着桌子逐一移动。"你们愿意协助努力吧？"在我们的脑海中，这里除了"愿意！"之外，还会有别的回答吗？"愿意！"我想。事后我发现别人跟我一样。一分钟不到，毛里斯·高柏莱就赢得了我们的心。他已经把我们每个人都拉进他的话题里，让我们站在他那一边，投入为人类谋求幸福的运动中。不论何时何地，获得赞同，是每个讲演者的目标。高柏莱先生有非常充足的理由要我们有这样的反应。他和他的兄弟拿桑，赤手空拳建起了一个连锁性百货事业，年收入超过一亿美元。历经长年艰辛之后，他们终于获得了神话般的成功，不料拿桑却在短短的时间里，因癌症辞世。这之后，毛里斯特意安排，让高柏莱基金会捐出第一个100万，给芝加哥大学进行癌症研究，并把自己的时间——他已从商场退休——致力于提醒大众对抗癌工作的关切。这些事实加上高柏莱的个性，赢得了我们的心。真诚、关切、热情——这是火一样的热烈的决心，让他在几分钟的时间，把他长年累月献给这个伟大目标的所有因素横扫过我们，让我们产生同意讲演者的感情，一种对他的友谊和甘心被关切、甘心被感动的意愿。

古罗马雄辩家昆提连把演讲者描述为"一个精于讲话的好人"。他指的是真诚和个性。本书已经说过和将要说的一切，没有一个能取代这个必要的条件。皮尔朋特·摩根说，信心是获取信任的最好方法，同时也是获得听众信心的最好方法。

亚历山大·伍科德说："一个人说话时流露的真诚会令他的声音有着不同凡响的感染力，这一点是虚伪的人所做不到的。"

真诚是一场演讲成功的必要前提。如果不是发自内心的真诚，就等于欺人、愚人，若轻信他人不实之词，可能会耽误大事。林肯总统正是用自己的真诚赢得了美国人民的支持,最终领导美国人民取得了南北战争的胜利。他曾说:"一滴蜂蜜比一加仑胆汁能吸引更多的苍蝇。人也是如此,如果你想赢得人心,首先让他相信你是最真诚的朋友。那样,就像有一滴蜂蜜吸引住他的心,也就是一条坦然大道,通往他的理性彼岸。"

1858 年,林肯在一次竞选辩论中说:"你能在所有的时候欺瞒某些人,也能在某些时候欺瞒所有的人,但不能在所有的时候欺瞒所有的人。"让我们记住林肯的格言,贯穿于我们的演讲中。要相信,真诚是我们能给予听众的最好的态度,我们也将因此获得听众对我们的热情回报。

05

第五章

获得听众的赞同

把你真实、明确的事例和感受讲述给他们听，当他们赞同你所说的这一切时，你的观点自然也就成为他们的观点。

——卡耐基 《演讲的艺术》

沃尔特·迪尔·史科曾是西北大学的校长，他曾指出："任何概念、建议或者结论，除非认为它们都是认可真实的，才能进入脑海，一旦受到阻碍，那思想中必然已存有与其相反的理念。"也就是说，要让听众赞同你，和你的想法达成一致。哈利·奥弗斯崔教授曾在纽约高级中学针对社会研究问题演讲作过深刻的心理剖析：

熟练的演讲家，会从一开始就获得听众的赞同。他巧妙地通过心理方法让听众一步一步跟着他前进，就像撞球游戏一样，当你将它推往一个方向，如果要让它变换一点角度，就需付出较大的力量，要是想把它推到完全相反的方向，那需要的力度更要加倍。

当一个人发自内心地说"不"的时候，那意味着他不仅仅是发出一两个单调的音节，而是将整个身体——神经、肌肉、器官全部收紧密闭，呈现拒绝接受的状态。此时他身体的外在也会发生微妙的变化，有时比较明显，表明了他的抗拒之心。反过来说，要是一个人发自内心地说"是"，那他的身体就会呈现积极、开放、接纳的状态。因此，我们要设法在一开始就获得更多的"是"，这样听众的注意力就会更多地投放在演讲上，并更容易赞同你最后的结论。

得到"是"的肯定，实在是一个很简单的技巧，但大多数人对此不以为然，在他们看来，为了显示自己的重要性，一开始就应该采取对抗的态度。所以，当激进党和保守党人士一起开会时，要不了一会儿，会场的气氛就变得紧张了。为什么会是这样，难道只是觉得好玩吗？如果仅仅是这样也许可以原谅他们。如果他是想达成什么目标，那这么做就太愚蠢了。

无论是学生、顾客、孩子、丈夫或妻子，如果在一开始就令对方说了"不"字，再想把这斩钉截铁的否定给扭转过来，那恐怕就要借助魔法的力量了。

如何从一开始就赢得听众的"赞同态度"？非常简单。"我在一场论战中得胜的方法，"林肯说，"首先是找到一个令对方赞同的观点。"林肯发现对奴隶制的存废问题争论非常激烈。《明镜》报曾经这样报道林肯的一场演讲："在演讲一开始的半个小时里，他说的每个词都是反对者赞同的。他以此为基础，一点点引导他们，不知不觉中，反对者们已全数进入了他的围栏里。"

一开始演讲者就表明自己的态度，只会引起听众的逆反心理，把他们放在"对立面"上，他们绝不会按照你希望的去改变他们的观点。当你自负地说"我要证明我是正确的！"的时候，听众的抗拒之心不是都在发出无声的呼喊吗？"别得意得太早！"

先从听众都认可的事情谈起，然后再提出问题，引起他们的思考和兴趣。这难道不是对你最有利的方法吗？在与他们一起探寻的过程中，把你真实明确的事例和感受讲述给他们听，当他们赞同你所说的这一切时，你的观点自然也就成为他们的观点。最好的争论方法，看起来就像是一场说明一样。

在每一场辩论中，无论观点分歧有多大，在争论时，总能在演讲者和他面对的每一个听众之间找到共同的意见。

1960年2月3日，当时的南非政府还在奉行种族隔离政策，英国首相哈罗德·麦克米伦来到南非国会两院发表演讲，主题是关于英国不存在种族歧视。他没有一开始就指出完全对应的观点，而是赞扬南非的经济成就以及对全世界的重要贡献。然后，他低调地提出有分歧的观点，但他清晰地表明，相信无论何种观点都是出自内心真诚的信念。他的言辞坚定，态度始终温和，他说："作为一位英国公民，我想说我们始终对南非予以关注和支持。请诸位对我所言不要过于介意，我们正努力让所有自由人在我们国家的土地上，都享有平等的权利，这是我们坚持的信念。在支持和帮助诸位的同时，我们也不能违背自己的信念。我想，抛开信念的分歧不谈，我们应该永远是朋友，我们共同承认一个事实，那就是，在今天的世界上，我们之间仍有分歧。"

面对这样诚挚的演讲，即使分歧再大的对立者，也会相信演说者所持的公正之心。

你可以试想一下，麦克米伦首相一开场就直指双方政治观点的分歧，

而不找出彼此承认的共同点，将会造成什么样的局面？詹姆士·哈维·罗宾逊教授在其《思想的酝酿》一书中，解析了人的这种心理：

有时我们会发现，我们自己常常在不知不觉中改变了想法。但要是有人说我们的想法是错误的，我们就会感到愤怒，并且立马抱定自己的想法决不撒手。我们对信仰形成的过程并无察觉，但一旦遇到有人怀疑或否定我们的信仰，我们反而会狂热地坚持自己的信仰。很可能，不是担心与其说我们在乎信仰本身，而是我们太在乎自己宝贵的自尊……"我"字虽小，却构筑了人类事物中最重要的是非，看清这一点并以之为思考前提，才是智者所为。不论是我的晚饭、我的爱犬、我的家庭、我的信仰，还是我的祖国、我信奉的上帝，都是一样的。我们反感别人指责我们手表时间不准，或是我们的汽车太破，也讨厌别人指责我们的火星论，或者说我们的声调总是怪怪的……我们持续地相信自己已经接受的事实或者理念。一旦被直截了当地指出我们是错误的，那我们内心激起的愤恨会让我们坚定地找出一切理由抗拒。其结果是，我们就会用一大堆话来巩固自己原来的信念。

第六章

06

把你的热忱传递给听众

高明的演讲者热切地希望听众能够感觉到他所感觉的东西，同意他的观点，做他以为他们该做的事，分享他的快乐，分担他的苦闷。以听众为中心，而不是以自我为中心。他明白自己演讲的成败不由他来决定，而是由听众的脑袋和心决定。

——卡耐基 《演讲的艺术》

没有哪一位成功人士，无论是政治家、军事家、社会活动家都十分重视发挥自身的演讲技巧。革命导师列宁不仅是一位非凡的政治家、理论家，也是一位热忱的演说家。斯大林赞扬列宁具有非凡的说服力，简短通俗的词句，没有半点矫揉造作的色彩。我们一再提及的林肯总统也是这样一位成功的政治家，当然也是成功的演讲家。

如果演讲者能用感性的语言介绍自己的观念，并把自己的热忱传递给听众，通常这样是不会引起对立看法的。所谓的"热忱传递"指的就是这一点。这种热忱会把一切否定和对方的观念统统都赶走。假如你志在说服听众，要记住，鼓励大家的情绪要比引发思考有用得多。情绪要比冷静的思维更具威力。要想把群众的情绪鼓动起来，演讲者必须把自己的热情传递给听众。他的内容虚构也好，蹩脚也好，或者他的声音与手势运用得是否恰当，如果他不够真诚，一切都是虚有其表。如果你想给听众留下一个好的印象，你必须先给他人留个好印象。你的精神会通过眼睛发出光芒，通过声音传递热情，每一个动作都是在展示自己的魅力，与听众直接沟通。

每次你要说服对方的时候，你的所有表现都会影响到对方的态度。假如你提不起精神，你的听众也不会有什么精神；假如你的态度不严谨或不宽容，你的听众也会如此。亨利·华德·比彻说过："假如教徒在听道的时候睡着了，只有一样事情可以做——马上敲传道人一棒。"

哥伦比亚大学曾举办过一次演讲比赛。当天一共三个裁判。参加比赛的大学生约有六七名，他们每个人都受过良好的训练，并且准备在当天好好表现一番。遗憾的是，他们所有的精力都用在了赢取那面奖牌，没有人注意去说服听众。

他们选择的题目显然并非个人兴趣所在，而是基于演讲技巧的发挥。因此，每一个演讲只不过是演说艺术的操练而已。

只有一位来自祖鲁的王子是个例外。他演讲的题目是《非洲对现代文明的贡献》。他所讲的每个字都充满强烈的情感，而不仅仅是展示演讲技术。他所讲的都是生活中的事实，完全发自内心的信念和热忱，他好像

他所讲的每个字都充满强烈的情感，而不仅仅是展示演讲技术。

成了祖鲁人民的代表，在为自己的土地发言。由于他的智慧、高尚品格和善意，他向我们传达了那块土地人民的希望，并期待我们的了解。

裁判把奖牌颁给了他。虽然他的演讲技巧比不上其他人，但由于他的演讲充满了真诚，燃烧着真实的火焰。这样比较，其他人的演讲看起来只不过是煤气炉微弱的火苗而已。

诺曼·文森特·皮尔博士这样说过："每个人都希望得到他人的爱和尊重。每个人的内心深处都有一份价值意识，他们希望被重视，希望维护自己的自尊。如果你伤害了这些特质，你就永远失去了这个人。因此，假如你用自己的爱和尊重对待一个人，他不但能借此更加茁壮，也会还你以爱和尊重。"

皮尔博士讲过这样一件真实的事：

有一次，我同一位娱乐界人士一同参加一个节目。我与这位娱乐界人士相交并不深，但自从参加那次节目之后，我知道他颇难相处，也知道原因何在。那天，我一直安静地坐在他旁边，等待上台演讲。"你很紧张，是吧？"他问道。"是啊！"我回答，"每次我要站起来演讲的前几分钟，都会有点紧张。我一向尊重每一位听众，也尽量不让他们失望，因此不免就会紧张。难道你不会吗？""没什么好紧张的。"他回答，"听众很容易爱上各种东西，他们只不过是一群笨蛋！""我不同意你的说法。"我说，"他们是你至高无上的裁判，我尊重他们每一个人。"

后来，皮尔博士听说这人的名气逐渐衰退。他知道，那是由于此人的态度所致。

1995年11月4日，以色列外交家拉宾做了一场演讲，表达了他对和平的真心实意的渴求：

首先，请允许我说，对今天的场面，深为感动。我要感谢在这儿的每一个人。今天，你们从四处赶来，表明你们反对暴力，支持和平的立场。我本人，还有我的朋友西蒙·佩雷斯，有幸领导的这个政府，决心给和平一个机会。这个和平将能解决以色列面临的大部分问题。

我曾在军中服役27年。我战斗了这么多年，是因为没有和平的机会。但是我相信，现在有了一个机会，一个极好的和平机会。为了所有今天来到这儿的人，也为了许许多多今天没能来到这儿的人，我们必须抓住这个机会。

我始终相信，大多数的人民是希望和平的，并且甘为和平而蒙受风险。今天，你们来到这儿，表明你们是真诚地希望和平，反对暴力。还有许多没能来到这儿的人，他们也是同样的立场。暴力会侵蚀以色列民主的基础，它必须受到谴责，遭到孤立。暴力不是以色列国的道路。在民主制度中，可以有不同意见，但最后的决定必须通过民主投票，就像1992年的选举那样。那次选举，授权给我们去做目前正在做的事，并且要继续做下去。

此刻，来自与我们和睦相处的邻国——埃及、约旦、摩洛哥的代表们正和我们站在一起，以后也将继续和我们站在一起。为此，我感到自豪。是他们，给我们开通了引向和平的道路。我要感谢埃及总统、约旦国王和摩洛哥国王，感谢他们在通向和平的征途中和我们一起前进。然而，更重要的是，本届政府成立以来的三年多时间里，以色列的人民证明了，和平是可能达到的，和平为更繁荣的经济和更美好的社会打开了大门。和平不仅仅是一个普通的祈祷，它是所有祈祷中最重要的一个，它还是犹太人民的渴望，对于和平的真诚的渴望。

然而和平也有敌人，他们正试图伤害我们，以破坏和平进程。我愿坦率地说，在巴勒斯坦人中间，我们也找到了和平伙伴，那就是巴勒斯坦解放组织。他们曾是我们的敌人，但现在已停止实施恐怖主义。没有和平伙伴，就没有和平。为了解决以色列——阿拉伯冲突中最复杂、最长久、感情色彩最强烈的一个，即巴勒斯坦——以色列冲突，我们将要求他们为和平作出他们的贡献，就像我们将作出我们的贡献一样。

这是一条充满艰难和痛苦的道路，在以色列面前，没有一条道路是没有痛苦的。但和平的道路总比战争的道路要好些。作为过去的军人，今天的国防部部长，我向你们说这些话。我目睹过以色列军队战士们家庭的痛苦。为了他们，为了我们的儿女们，就我的情形而言，是为了我们的孙儿辈们，我希望本届政府能利用一切机会，竭尽所有可能，以促成全面的和平。即使与叙利亚，和平也是可能达成的。

今天这个集会，必须向以色列人民，向全世界的犹太人，向阿拉伯世界的各国人民，也就是向整个世界，传达一个信息：以色列人民希望和平，以色列人民支持和平！谢谢各位。

好莱坞的电影擅长煽情，一些文学作品也含有大量的煽情情节，对于演讲而言，恰到好处的煽情、煽起听众的激情，并与听众进行心与心的交流，也是成功的关键。拉宾的这篇演讲就做到了这一点。他的演讲不仅能与以色列人民进行心灵的交流，也在以色列人民高涨的渴求和平的激情上，再加了一把火，所以，尽管拉宾的演讲中没有华丽的辞藻和过多的演讲技巧，但却有震撼人心的强大力量。

俄国诗人马雅可夫斯基说过，语言是人的力量的统帅。如果说眼睛是心灵的窗户，语言则是心灵的阳光。热情的语言会使迷惘者清醒，沉沦者振作、徘徊者坚定、观望者行动，先进者更加奋进。一个满腔热忱投入演讲的人必将得到听众的热情回应。

07

第七章

以友善的态度开始

说服别人，或想让别人对你的话留下印象的最好方法就是：把你的观念植入他们的心灵，不要让对方产生敌对情绪。能做到这样的人，在演讲时一定能发挥自己最大的力量去影响别人。

——卡耐基 《演讲的艺术》

一位无神论者要威廉·佩里承认，宇宙中并不存在什么超自然现象。佩里一语不发地取出随身佩戴的挂表，打开盒面，然后说道："假如我告诉你，这些杠杆、齿轮和弹簧都是自己形成的，而且自己聚合在一起，开始很有规律地运作，你是不是以为我疯了？那些星球，它们中的每一颗都在自己的轨道上运行——卫星和行星环绕着恒星运行，每天的速度超过了一百万英里。每一颗恒星都有一群环绕着它的星群，自成一个星系，就好像我们这个太阳系一样。它们如此有规律地转动，并不互相碰撞，不互相妨碍，更不会走出轨道。一切是那么安静、有序。你比较相信这是一种偶然的存在，还是有一种超自然力使它们这样呢？"

试想一下，假如佩里先生一开始便以反驳的态度对待这位无神论者，如："什么，没有神？别蠢得像头驴一样。你根本不知道自己在胡说些什么。"你想结果会如何？毫无疑问，一场唇枪舌剑将像狂风暴雨一样袭来。那位无神论者会像一头暴怒的狮子一样，用恶毒的话回敬佩里先生，尽力维护自己的主张。为什么呢？因为就如同奥维奇教授所指出的：那是"他的"主张。他宝贵的、绝对必要的自尊受到了伤害，他的尊严濒临危机了，所以他要反抗。

自尊在人的自然天性中是如此极富爆炸性。所以，假如我们能使这个特质与我们合作，不是比让它与我们为敌要好得多吗？但要我们怎么做呢？就像佩里教授所说的，向你的对手显示，你的意见和他信仰的某些观念很类似，他便不会拒绝你的意见了。这个方法一般不会引起对方产生对立的情绪和意见。

佩里教授洞察人类心灵。大多数人缺乏这种敏感性，以致很难进入对方充满防卫的心底。人通常都有个错误观念，以为要进入那个根据地，就必须发动正面的攻击，猛烈摧毁那块基地。但结果怎样呢？对方会开始产生敌意，心灵也开始关闭封锁起来。然后，穿着铠甲的武士抽出长剑——一场言语之战就开始了，双方都不免伤痕累累。结果通常是两败俱伤，谁也说服不了谁。

我的方法并不是什么新的发现，古代的圣保罗就已经用了这个方法。

他在马斯山向雅典人发表的那篇永垂不朽的演讲,便很熟练、很巧妙地运用了这个方法。保罗是个受过完整教育的人,改信基督教之后,他在演讲方面的才能对他传教有很大的帮助。一天,他来到雅典,那时,雅典已经由鼎盛时期开始走向衰落。《圣经》上描述这时的情形是这样的:"雅典人和住在那里的异乡人都不喜欢别的,只喜欢说说或听听新近发生的消息。"

没有收音机,没有通讯设备,没有传播新闻的渠道,那些雅典人每天下午不得不奔走到各地打听消息。这时,保罗来了,这里有一些新事情。他们围着保罗,既新鲜又好奇,便把他带到阿罗巴古去。他们对保罗说:"你讲的这些我们也可以知道吗?你把一些奇怪的事告诉了我们,我们愿意知道这些事是什么意思。"

换句话说,他们是在邀请保罗发表演讲,保罗当然很愿意。事实上,这正是他来到这里的目的。于是,他可能是站在一块木板或是石头上面,而且像许多优秀的大演说家一样,刚开始可能还有点紧张。也许他还搓了搓手,清了清喉咙,然后开始演讲。

因为保罗并不十分同意那些雅典人邀请他上台演讲的理由,"新道……奇怪的事……"那是错误的,他必须把这些观念纠正过来。这是一块能接受不同意见的土地,但保罗仍不愿把自己的信仰描述成一种奇怪的、异质的事物。他要把自己的信仰和他们原有的信仰结合起来,这样就能更好地消除敌对情绪,让对方接受自己。但要怎么做呢?他想了一会儿,忽然灵光一闪,便开始了这篇不朽的演讲:"众位雅典人哪,我看你们对神很是敬畏。"

有些是这样转译的:"你们都非常虔诚。"我认为这样说比较好,也更加恰当。这些雅典人参拜许多神祇,而且非常虔诚,他们自己也都以此为荣。保罗称赞他们,他们听了更是非常欢喜,跟保罗也更亲近了。这正是有力演说艺术的重要法则之一。保罗又说:"因为我经过这里的时候,看到你们所参拜的一座神坛上面写着:给未知之神。"

这证明了雅典人是非常虔敬,任何一位他们所不认识的神祇也不会

疏忽,便将一座祭坛献给未知之神。这就像某些综合保险囊括了所有可能的保险一样。保罗提到那座祭坛,表示他的赞美并非阿谀之辞,而是通过观察得到的结论。

接着,保罗便十分巧妙地引入正题:"你们所不认识而敬拜的神,我现在告诉你们……"

"新道……奇怪的事?"一点也不。保罗仅仅解释了关于他们误解的上帝的真实,便把自己的信仰与雅典人的原有信仰连接起来,你看这种方法实在太巧妙了。

保罗又提到救赎和耶稣复活的事,也引用了一些古希腊的诗句,演讲圆满结束了。当然有人不免会说些嘲弄的话,但也有不少人说:"我们还要听你再讲一些这样的故事。"

说服别人,或想让别人对你的话留下印象的最好方法就是:把你的观念植入他们的心灵,不要让对方产生敌对情绪。能做到这样的人,在演讲时一定能发挥自己最大的力量去影响别人。

几乎每天你都得面对一些和你持有不同意见的人,并且就某些话题与人们相互讨论。你是不是想尽力去说服这些人,让他们同意你的看法? 无论是在家里、办公地点或其他社交场合都如此? 你使用的方法,是否还有改进的必要? 要怎么开始? 是用林肯模式还是麦克米伦模式? 如果真这么用心,你就真是兼具外交手腕和敏锐判断能力的可贵人才了。

请记住伍德罗·威尔逊总统的话:"假如你对我说:'让我们坐下来讨论讨论。如果我们意见不同,不同在哪里,问题症结在哪里?'我们就会发现,其实我们只有少部分观点不同,大部分观点还是一致的。只要彼此耐心、坦诚,我们便一定能沟通。"

第八章

08

无需通篇背诵

许多演讲者为了保证演讲时说得头头是道，就事先写好演讲稿，然后通篇背诵下来。这种方式并不可取，不但浪费时间，也容易使演讲变得枯燥无趣。

——卡耐基 《演讲的艺术》

　　只有演讲的渴望当然不足以成功地发言。拥有卓越口才的人一定会在发言内容方面也做到有备而来。演讲是需要责任感的，更需要付出心血，即使是闲谈也不应该信口开河。林肯的著名演说《在葛底斯堡国家烈士公墓落成典礼上的演说》一共只有十句话，但他却整整准备了两个星期，甚至在马背上时也不忘构思这次演说的内容，直到演讲前的最后一分钟。

　　缺乏准备的发言一定会让人陷入被动，出现难堪的局面。有了充分而周全的准备，即使稍有紧张，也很快就会克服。你的发言几乎可以说是十拿九稳了。充分而周全的准备可以确保你和听者都不会疑惑你到底想说什么，这会逐渐强化你自己的自信心。

　　假如你想培养自信，为什么不去做好那些在你演讲时能给你安全感的准备呢？使徒约翰说："完全的爱，会置恐惧于度外。"完全的准备也可以做到这样。丹尼尔·韦伯斯特曾说，他如果没有准备就出现在听众面前，跟没有穿衣服的感觉是一样的。

　　当然，"充分的准备"并不意味着你要通篇背诵演讲稿。H.V.卡特伯恩是美国著名新闻评论家，他还是哈佛的大学生时，曾经参加过一次演讲比赛。赛前，他选择了一篇名为《绅士们，陛下》的文章，并一字一句地把全文背了下来，还练习预演了几百次。可到了正式比赛时，他一登上台，只说出："绅士们，陛下……"就一个字也想不起来了，脑子里空荡荡的。他眼前一片漆黑，幸好还能保持镇定，于是，他干脆把那个故事用自己的语言讲述出来。最后，他惊讶地听见，自己居然获得了第一名。从那天起，他再也没有背诵过一次演讲稿，他从事广播行业时也是如此，只在纸上写一些摘要，然后对着听众娓娓道来。

　　一个人如果在他演讲前先写好演讲稿，再反复背诵，浪费时间和精力不说，也很容易把演讲搞砸。每个人平时讲话都很自然，不会费心地琢磨，话语随着思想的流动而自然说出。

　　英国首相温斯顿·丘吉尔也从中得到过教训，那时他还年轻，一直是先写好演讲稿再把它背下来。有一天，他在英国国会作演讲，正背着讲

绅士们，陛下……

稿，突然忘记了下一句词，他重复了上一句，可大脑依然一片空白。他难堪极了，满脸通红，沉默地坐回到位置上。从那以后，温斯顿·丘吉尔再没有试图背诵过演讲稿，而他写的演讲稿总是能打动人心，特别是在第二次世界大战时，他的那些演讲给予了英国人民战胜敌人，渡过难关的决心。

即便我们一个字一个字地背诵了很多遍，当我们面对听众时，也难免会遗漏一些，就算通篇一字不落，我们的演讲听起来也会很机械、不自然。为什么？因为你是在背诵讲稿，是出于记忆，而非发自你的内心。平日里，我们和人聊天，总是想到什么就说些什么，不会刻意地注意修辞、造句。为什么到了演讲的时候，不能这么做呢？

要是你还执意要写演讲稿并背诵记忆，那就有可能落得和范斯·布希内一样的境地。

范斯毕业于巴黎波欧艺术学院，后来成为位列世界最大保险公司之一的衡平人寿的副总裁。在他刚加入衡平公司两个年头时，因为他如此巨大的成功，而受到重视，因此那一年，在弗吉尼亚召开的两千人"全美衡平人寿代表大会"，特意安排他作 20 分钟的演讲。

范斯非常激动，他感觉那是对他的鼓励。可惜的是，他采取了写好演讲稿背诵的方式，对着镜子他练习了不下 40 次，就连语气停顿、手势和表情都精心排练好，直到他自己觉得非常满意为止。

可是，终于要站到讲台上时，突然之间，他被恐惧牢牢控制住了，只说了一句话："我是这样计划……"他的头脑一片空白。惊慌的他情不自禁地后退了两步，可是脑子里还是一片空白，他又后退了两步，如此三番。讲台有 4 英尺高，没有围栏，和后面墙距离 5 英尺，就在他第四次后退时，一脚踩空，掉到了讲台和墙之间的空当里。听众们一阵哄堂大笑，甚至有一个人笑得太厉害，从椅子上摔了下来。衡平公司的老员工们一直对此事念念不忘。更搞笑的是，还有人认为这是公司为助兴有意安排的娱乐节目。

这件事的主角范斯·布希内认为那是他这辈子最丢脸的时刻。他感到没办法再面对公司同仁，就递交了辞职信。

后来在上司的安抚和鼓励下，范斯·布希内重新树立了自信，多年后，他竟成了公司里最擅言辞的人。他再也没有背过演讲稿。他的经验足以让你引以为鉴。

有很多人喜欢背记讲稿，但事实上，当他们抛开演讲稿之后，演讲反而更生动、更有趣。这样的演讲，或许会遗漏一两点东西，但是更加人性化，更具吸引力。

亚伯拉罕·林肯曾说："我无法欣赏一板一眼、乏味至极的演讲，我喜欢像在和蜜蜂搏斗一样的演讲者。"林肯说他最喜欢听自由、流畅的演讲。但是，如果你心里总是想着你演讲稿的下一句，你又怎能让你的演讲表现得自然、激昂、有动感呢？

第九章

09

清除拘谨、紧张的心态

你突然发现的这种自由，正像一只小鸟从拘禁的笼子里出来展翅高飞。你知道人们为什么会蜂拥着上剧院、上电影院吗？因为在那里他们可以看到自己的人类毫无拘谨的表演，在那里可以看到人们坦白地展露真情。

——卡耐基 《演讲的艺术》

有的人在跟老朋友聊天的时候往往兴致勃勃,而一旦碰到陌生人,或者让他发表一场演讲时,他会顿时不知所措,不知怎么开口了。这是因为我们和老友之间已经建立了相当程度的感情,我们彼此熟知各自对事物的看法,大家已经相互习惯了,在一起就觉得无拘无束、无障碍。但是让我们发表演讲,情况就不一样了。

应该怎样改变这种状况,除了要重视你的听众,关心他们的兴趣所在,做认真周全的准备外,还要有意地进行这方面的训练。

戴尔·卡耐基认为:"只要遵循正确的方法,做到周全的准备,任何人都能成为出色的演讲家。反之,不论年龄及经验多么老到,若没有适当的准备,任何人都会在演讲中出窘。"多少年来,"他们一无所知"成了演讲界的一句名言。尽管这只是一种假设,却从一个侧面说明了有准备的优势。听众不可能"一无所知",但对于演讲的主题、题材不熟悉,更没有经过广泛收集、反复比较、深入钻研、精心提炼,即使是专家,由于事先无准备,也应该比演讲者逊色。从这个角度讲,假设听众一无所知是可行的,它能有效增强演讲者的自信心。因此,在时间许可的情况下,演讲者要尽可能写出讲稿、提纲或打好腹稿,设法进行试讲,不断完善演讲内容和演讲技巧;了解可能影响演讲的某些外部情况,如环境地点、听众水平等,并考虑相应的对策。

我们知道,使我们与外面的世界发生接触的方式有四种,而且只有四种,人们正是以这四种接触方式来对我们加以评量、进行归类的。它们是:我们做了些什么,我们看起来是什么样子,我们说了些什么,以及我们怎么说。那么,我们该怎么说呢?

1912年,也就是"泰坦尼克号"油轮在北大西洋冰海沉没的那一年,卡耐基就开始设班教授当众演讲的课程。

在刚开始教演说课程时,卡耐基曾花费很多时间在发声练习上。主要是教导学生们利用共振,训练他们增大音量,并使尾音更加轻快活泼。但是,不久他就发现教导成年人如何在鼻窦中发音,以及如何形成"透亮"的母音,根本就是徒劳的。这项训练,对那些靠花三四年时间来改进声音表达技巧的人而言,确实是一种非常好的方法。然而卡耐基更清楚自己的学生也只有将就使用自己天生的发音装置了。他还发现,假使把先前用以协助学生练习"横膈膜式呼吸"的时间和精力用在更重要的目标上——帮助他们从怎样都不敢放手去做的自我抑制中解脱出来,将会达到十分明显且恒久的惊人效果。于是,卡耐基就这样去做。

　　在卡耐基的课程里有几门课,目的是解除成人的拘谨和紧张。他请求学员们从害羞的龟壳里出来,自己见识一下这个世界。只要他们愿意走出来,这个世界会热情欢迎他们。像法国马绍尔·福熙元帅谈论战争的艺术时说:"概念极为简单,但不幸的是,执行起来很复杂、很困难。"最大的绊脚石,当然是拘谨紧张,不仅是身体上的,还有心理上的。它随着年龄的增长而变得更牢固。

要想在听众面前保持自然,的确不容易,这需要反复练习才能达到,演员们最能体会这点。

　　要想在听众面前保持自然,的确不容易,这需要反复练习才能达到,演员们最能体会这点。不过,当你还是孩子时,比如4岁时吧,你也许可以登上讲台,伶俐地讲话!可是等到 24 岁时,或 45 岁时,会怎样?你还能有 4 岁时那种不知不觉的自然吗?有这可能,但多半变得拘谨、矜持而又呆板,并且像只乌龟,很快缩回壳里去了。

成人发表演讲的重点,主要是排除障碍,做到本能的反应。

不知有多少次,卡耐基在他们的演讲过程中打断他们,请他们"讲得像个人"。不知有多少个夜晚,他设法训练学生说话自然些,弄得自己回家时精神和神经都疲惫不堪。

卡耐基要求学生们表演对话里某些部分,有些人非常惊慌地发现,自己像个傻子,可是在表演时,自己感觉还不错呢。而对另一些人表现出的表演能力,惊叹不已。所以,一旦你能在人群面前安然随意,就不会再退缩。不论是对上级或在普通人群面前,都能以正常的方式来表达自己的意见。

消除拘谨、紧张的情绪,还要求我们不要太在意自己,不要过于追求完美,要知道不完美有时也是一种魅力,会让听众感觉离你更近一些,而不是把你当做高高在上的圣人。

第十章

10

不要模仿他人

任何智力正常、能自我控制的人，都能够发表令人接受、有时还是很精彩的演讲。但你要相信你是独一无二的，不要模仿别人而失去自己的个性。

——卡耐基 《演讲的艺术》

我们都很羡慕有些演讲家，他们把表演融入演讲中，毫无负担地表达自己，毫无畏惧地使用独特的、个人的、富于幻想的方式说出他们要对听众说的话。

第一次世界大战结束后，卡耐基在伦敦遇到罗斯·史密斯爵士和凯恩·史密斯爵士两兄弟。他们刚完成从伦敦到澳洲的首次飞行，获得澳洲政府颁发的5万元奖金。他们在大英帝国引起很大的轰动，国王给他们颁赐爵位。

胡利上尉是位著名的风景摄影家，和他们两兄弟一块儿飞过一段路程，摄制一些影像。卡耐基帮助他们做了一场以画面解说为主的旅游演讲，并指导他们怎样表达。他们在伦敦的"爱乐厅"每日演讲两场，早晚每人一次，他们描述他们并肩飞过的半个世界，发表几乎相同的演讲。可是每一场听起来都不一样。

成功的演讲除了词句外，还有别的重要因素。那就是表达词句的特有个性——演讲时的态度。说什么和怎么说不是一回事。

一次公开的演奏会上，当著名钢琴家帕德列夫斯基弹奏肖邦的一首马祖卡舞曲时，一位年轻小姐拿着曲谱在看。她感到很困惑：帕德列夫斯基的手指敲击的音符，跟她弹奏同一舞曲时敲击的完全一样。然而她的表现很普通，而帕德列夫斯基却很吸引人，美得难以形容。她其实不知道其中的关键并不在于音符，而是弹奏的方式。帕德列夫斯基在弹奏时加进去的感觉、艺术才能以及个性，构成了凡人与天才之间的差别。

同样在俄国大画家布鲁洛夫修改了一个学生的习作时，学生惊奇地看着改变了的图画，大叫："为什么！你才动了那么一小点儿，可是它整个儿都不一样了！"布鲁洛夫说："艺术就开始于那一小点儿啊。"

演讲与绘画，与帕德列夫斯基的演奏都是一样的！

同样的道理，也适用于人们的说话态度。英国国会里有句老话，说一切听凭演讲的方式而定，而不根据事情而定。这是很久以前昆提加说的，那时英格兰还是罗马的殖民地。

"所有的福特轿车完全相同。"亨利·福特这样说，但是，没有两个人

艺术就开始于那一小点儿啊。

是完全相同的。每一个新生命,都是太阳底下的一件新事物——之前没有和他相同的东西,之后也绝不会有。年轻人应该培养这种观念,应该寻求独特的个性,让自己与众不同,并发掘自己的价值。社会和学校可能企图改造他,他们习惯把人们放入同一个模式,但我不会让个性的火花消失,这是你的重要、唯一而且真实的凭证。

无疑,这样的话对演讲者来说是正确的。这个世界上,没有另外一个人是和你相同的。几十亿人都有两个眼睛、一个鼻子和一张嘴,但没有一个人是跟你完全相同的,也没有一个人有和你相同的思想及想法。很少有人能够像你一样自然地谈话和表达自己的意见。这就是你有独特的个性特点。作为一名演讲者,这就是你最宝贵的财产。抓住它,珍惜它,发挥它,这点火花将让你的演讲产生力量与真诚。"这是你个性的唯一而且真实的凭证"。拜托你,千万别试图把自己装进模子里,失去自己的个性。

洛吉爵士的演讲与众不同,因为他是与众不同的人物。他的说话态度,是他的特点之一,和他的胡子、秃头是他的独特商标一样。但如果他想模仿洛依德·乔治,他看起来就感觉虚假,就会失败。

美国有史以来最著名的一场辩论发生在 1858 年伊利诺大草原上的一个城镇中。辩论双方是道格拉斯参议员和林肯。林肯个子高,动作笨拙,道格拉斯稍矮,举止优雅。这两个人外表迥然相异,个性、思想和立场也完全不一样。

道格拉斯是上流社会人士,林肯却有"劈柴者"的绰号,他往往穿着短袜子就走到大门口去接见民众。道格拉斯十分优雅,林肯则有些笨拙;道格拉斯完全没有幽默感,林肯则是有史以来最伟大的故事家;道格拉斯难得一笑,林肯经常引用事实及例子作为说明;道格拉斯骄傲而且自大,林肯谦逊而且宽宏大量;道格拉斯说起话来好像狂风暴雨,林肯则比较平静,表现从容不迫。

一样是声名卓著的演讲家,都具有无比的勇气与良好的感性。但如果其中某个人企图模仿对方,就一定会输得很惨。他们每一个人都把自己独特的才能发挥到极点,因而显得与众不同,更具说服力。

"发挥自己的长处",说起来很容易,但是不是也容易遵循呢?那就不容易了。福熙元帅说战术"概念极为简单,不幸的是,执行起来却很复杂、很困难",这是一样的道理。

第十一章

11

良好的演讲态度

演讲时的态度是演讲中一个重要的组成部分，「你的态度，比你说了些什么更加重要」。

——卡耐基　《演讲的艺术》

在大学校园里举办的演讲比赛中,那些获胜的演讲者并不一定是演讲内容特别好,而是因为良好的演讲态度,使得他原本简单普通的题材发挥出了惊人的效果。

英国政治家埃德蒙·拜柯写的演讲稿,无论是结构、逻辑还是文理都是世人学习的典范之作,直到现在,世界上的不少大专院校,还将他的演

讲稿作为学习的样本。遗憾的是,埃德蒙·拜柯却没有将自己讲稿完美表达出来的能力,他是一位失败的演讲者,以至于被起了个绰号,叫做英国下议院的"晚餐铃"。因为但凡他站起来发言,别的议员不是聊天、打牌,就是睡觉,要不然就干脆互相邀约,三五成群地走出会场,一起去吃晚餐了。

从埃德蒙·拜柯身上,我们可以看到,演讲态度无疑是演讲成败的关键所在。

第一,与你的听众交谈。

在瑞士阿尔卑斯山的穆伦休假地，一位著名的英国小说家进行了一场演讲，她的演讲题目是"小说的前景"。她一开始就告诉听众，题目是由主办方指定的。可能正因为如此，她对这次演讲没什么兴趣，只是写了一点笔记拿来读。她漫不经心地看看笔记，抬头望着天花板，或是别的什么地方，唯一不看的就是正在听她演讲的听众们。她的神情茫然缥缈，言语空洞无趣——她把她的听众带到了枯燥无味的太虚之中。

这算不上是一场演讲，那么枯燥，不如说是小说家自己的"呓语"更为贴切，没有沟通和交流的演讲欠缺了演讲的重要条件，听众丝毫不能从她的演讲中获取一点她心灵或思想的信息。这样的演讲更适于在空无一人的沙漠中进行，反正她看上去也像是在对着空气说话，而不是一群活生生的人。

第二，正确、良好的态度。

如今，传统演讲技巧已经不符合时代的需求，不论是十几个人的商业聚餐会，还是上千人的大型会议，现在的听众都希望演说者能够像平常说话那样说出自己的看法和观点，而他的演讲态度，也要和平日里和朋友聊天一样亲切自然。态度要和平日里一样，不过演讲者要使出更大的气力，以便让在场所有的人都可以听到。就好像安置在建筑物上方的塑像必须要按比例做得很大，当人们站在地上向上看时，才会感觉塑像和真人大小无异。

马克·吐温有一次在内华达州的一个矿上发表演讲，在结束之后，有一位老矿工走过来问他："你平时说话也是这种声调吗？"

听众想要的就是这个——"你平时说话的声调"，只需提高一些就可以。

勤加练习是达到这种效果的唯一方式。当你在练习时，发觉自己说话有些造作，就立即停下来，默默提醒自己："这样说是不对的！要自然！再自然一些！"你也可以从听众里面挑出一个对象——或是坐在最后排的人，或者是那个看上去心不在焉的人，想象自己正在和他聊天，他问了一个问题，只有你知道答案，并且解释给他听。他站起来和你交谈，而你此时也是站着交谈。这样的想象,会让你的演讲逐渐变得自然平实,就保持这样的态度一直说下去吧。

你可以在演讲中提出问题,并且作出解答。比如,在你的演讲中间,你可以说:"各位是不是在想:我这样说的依据是什么?我先对此说明一下……"接着,你就回答自己提出的这个问题。这样一来,演讲就不再是你一个人在说话的局面,而更像是和老朋友们愉快地聊天、探讨问题。

第三,谈别人感兴趣的东西。

许多人只谈论自己感到有兴趣的事情,而这些事情却让其他人感到无聊透顶。所以他无法成为一名讲话好手。你可以反过来做:引导他人谈论他的兴趣、他的事业、他的高尔夫成绩、他的成就——或者,如果对方是位母亲的话,谈谈她的孩子们。专心聆听他人的谈话,你会带给他人很多乐趣。那么,你将被认为是一位很好的谈话好手——即使并没有这么讲。

来自费城的哈罗德·杜怀特,在上学时举行的宴会上进行了一场非常成功的演讲。他依次谈到围坐在餐桌旁的每个人。说刚开始的时候,自己是怎样的不会讲话,而现在他进步多了。回忆起同学们所做过的演讲,讨论过的题目,他夸张地模仿其中一些人,逗得大家开怀大笑。拥有这样的素材,是不可能使他失败的,是谈话很理想的题材。杜怀特先生真是通晓人的天性,不会有别的题目更能使大家感兴趣了。

约翰·西德达曾主持杂志《有趣人物》的一个专栏。他认为人都是自私的,他们只对他们自己感兴趣。他们并不十分关心政府是否应该把铁路收归国有,但他们却希望知道如何获得晋升,如何得到更多的薪水,如何保持健康,如何保护牙齿、如何洗澡,如何在夏天时保持凉爽,如何找工作,如何应付员工,如何买房子,如何增强记忆力,如何避免文法错误,等等。人们总是对别人的生平故事感兴趣,如何在房地产事业上赚取上百万美元,一些著名的银行家及大公司的总裁们是如何从低层奋斗到有权有利的地位的也是人们非常乐意听到的。

西德达刚当上总编辑时,杂志的销路很小,是一本失败的杂志。西德达立即按照他自己的构想开展工作。结果怎么样？杂志的销售量急速上升，达到 20 万份、30 万份、40 万份、50 万份。因为它的内容是一般民众需要阅读的，没多久，杂志的月销售量就达到 100 万份，但销量并没有就此停住，而是持续不断地上升。西德达满足了读者们的自私兴趣，也就获得了杂志的成功。

假如你在做演讲，你要想到你的演讲是不是对听众有用——只要能对他们有用，演讲就有成功的指望。演讲者如果不考虑听众自我中心的倾向，便很快会使听众烦躁不安。他们会局促不安、表现腻烦，不时抬起手看手表，并且渴望着离开。

第四，多说"你"少说"我"。

要想使听众的注意力保持在巅峰状态，要用代名词"你"，而不要用"他们"。这种方式可以使听众保持一种自我感知的状态。演说者巧妙地把"你"这个字，连同听众带进了自己演讲的话题之中，会使听众的注意力既热情又不中断。不过有些时候，使用代名词"你"也是很危险的，它不会在听众和演讲者之间建立桥梁，而是造成分裂。在我们似乎以行家居高临下的口吻对听众讲话或对他们说教时，这种情形便会发生。这种情况下，最好说"我们"，而不要说"你"。

当你对听众发表完一场演讲，如果听众认为你曾受过演讲的专业训练，这并非是一场成功的演讲。一场成功的演讲应该是轻松、自然、没有演讲的痕迹，令听众一点也看不出你居然受过"正式"的演讲培训。就像一扇窗户，它本身没有光芒，只是阳光透了进来。演讲者也应如此，声音开放而且态度自然，他希望听众因他的态度而更深地认识他的观点，但对他的态度不必过多关注。

发自内心的真诚和热情能够帮助你提升自我意识，让你的心灵摆脱束缚，变得自然而不扭捏，你的言谈举止也必然变得自然生动起来。这就要求你一定要全心全意地投入演讲。

第十二章

12

让你的演说更加自然

在面对听众时，你就要全心全意投入演讲之中，发挥你的全部能力，你会表现得比书本里所教授的更加有感染力。

——卡耐基 《演讲的艺术》

演说要自然，就是使你的演讲更为清楚，也更为生动。不要这样说："呀，这些你不说我也会明白，不就是让我强制性地按你所说的去做吗？"不是的，事实并非如此。如果强迫你自己这样去做，那你将会像木头一样僵硬不堪，更会像机器人一样毫无表情。

事实上，这些东西也没什么神秘的，当你与人交谈时，你实际上已经使用过这些原则中的绝大部分，而且你也许还一点也没有感觉到你曾使用过它们，就如同你将晚餐进食的食物消化掉那般自然。这正是你使用这些原则所要采用的方法，并且也是唯一的方法。在演说方面，要想达到这种境界，事实上也别无他法，唯有练习，别无他途。怎样练习呢？

第一，对要点不断地重复，将不重要的部分跳过去。

在日常谈话中，我们应将一些重要的字加强语气，对其他的字则匆匆跳过去。对整个句子的处理也是这个办法，这样就能将那些重要的字词句凸显出来。这种处理办法其实极为普通，也毫无特殊之处。只要稍微留意一下，你便能发现，你四周的人在谈话时就是这样做的。你自己昨天可能也是这样去表达的，而且你过去已上百次，甚至上千次地这样做过。毫无疑问，你明天还将会这样继续下去。

下面是拿破仑的一段话，请大声朗读，加引号的词读重一点，其他的词则迅速念过去。感觉一下，效果如何？

我只要是决定去从事的工作都能"成功"，因为我已"下定决心"。我从不"犹豫不决"，因此我能超越世界上其他的人。

当然，这并不是朗读这段话的唯一方法，换一位演说者也许会念得跟你不一样。如何强调语气，并没有一定的成规，需视情况而定。

以热情的态度大声念念下面这首小诗，试着使诗中的含义明确表达出来，并且要具有说服力。看看你自己是否会对那些重要的词句加以强调，同时将一些不重要的词句快速念过去。

如果你认为你已被打败，不错。

如果你认为你未被打败，你就不会失败。

如果你希望胜利，却又认为胜不了，

可以肯定，你一定不会取得胜利。

在生活中并不一定是强壮或速度快的人获胜，

最后获胜的一定是那些自认为自己一定能获胜的人。

在一个人的个性中，也许没有比坚定的决心更为重要的了。

一个小男孩若想将来成为一名伟大的人物，或是打算日后出人头地，必须下定决心：不仅要排除成百上千道障碍，而且要在历经上千次的挫折与失败之后，仍能坚信自己必胜无疑。

第二，让你的声音听起来更加有力。

在我们与听众交流思想时，需要运用到我们的声音和身体的多个部分。我们会抬高声音、改变语速和腔调，还会皱眉头、挥手、耸耸肩。这样可以完善演讲的效果，我们的情绪和精神状态的变化会直接影响到声音的变化。这也是我们一再强调要充满热诚的熟悉自己感兴趣的题目，并与观众热切交流的缘故。

大部分人随着年龄的增长，都不复童年的天真和率直。我们的思想和声音不知不觉地变得刻板而保守。我们很少用肢体语言表达情感，我们的言语之间日益缺少活力，我们的声调也不再随着情绪上扬或下落。在用词上如果稍不留意，我们的演讲就会变得散乱和疏忽大意。又是自然这个词，在本书中它已经出现了许多次。所谓的自然，就是请你将自己的想法用完全属于你自己的思想表达出来。当然，这并不意味着你不需要注重修辞、不需要增加词汇量，不需要丰富自己的想象。这是任何一位出色的演讲家都不会放弃的进一步的修炼。

你可以利用录音机测评一下自己声音的音量、语调和语速，或者求助于朋友。要是能够得到专业人士的指点，那效果会更好。不过，这些都是你在面对听众之前的自我练习。相比较而言，演讲时的技巧和态度更为重要，在面对听众时，你就要全心全意地投入演讲之中，发挥你的全部能力，你会表现得比书本里所教授的更加有感染力。

第三，改变你的声调。

当我们在与人交谈时，声音往往从高到低，并且这种高高低低的状态会不断重复下去，就像大海的表面一般起伏不定。这是为什么呢？恐怕没有人知道，而且也没有人对此表示关心。但这种方式令人感觉愉快，而且也是一种很自然的方式。我们永远不必去学习，就会这样表达。我们从孩提时代起就已经会这样起伏着说话了，我们用不着去追求，就这样不知不觉地学会了。但是，一旦要我们站起来面对观众，我们的声音却一刹那会变得枯燥、平淡而且单调乏味，就如同内华达州的沙漠一般。你若发现自己正以一种单调的声音——通常是又高又尖的声音——发言时，不妨停下来歇一会儿，对自己说："我现在说话的样子就像木头雕成的印第安人。对台下的这些人说话要有人情味，要自然一点。"

已经到了如此窘迫的情景还对自己说这些话是否有任何帮助呢？可能有一点。至少稍微停顿一下，会对你有所帮助。但你平时必须多加练习，以研究出自己的解决之道。

你可以将你挑选出的任何句子或单词突出来，就让它们像你门前院子里的那棵青绿的月桂树那般突出。你只要在说到这些突出的句子时突然提高或降低声调，就可以达到这个目标。纽约布鲁克林著名的公理教会牧师卡德曼博士就经常这样做，奥利佛·罗吉爵士、布里安及罗斯福等人也经常这样做。几乎每一位著名的演说家都会这么做——这是演说中一条千古不变的法则。

下面列出三段名人语录，你可以试着念一遍，但在念到引号内的字时，要把声音降得特别低。看看效果如何？

我只有一项长处，那就是"永不绝望"。（福熙元帅语）

教育的最大目标并不在于知识，而是"行动"。（斯宾塞语）

我已活了86岁，我曾亲眼看到，人们登上成功之巅，这些人达几百人之多，他们获得成功的重要因素很多，"但最重要的就是信心"。（吉本斯主教语）

第四，变化说话的速度。

小孩子说话的时候，或者是我们平常与人交谈时，总是不停地变换我们说话的速度。这种方式令人听了很愉快，很自然，不会令人有奇怪的感觉，而且具有强调的作用。事实上，这正是把某项要点很突出地强调出来的最好方法。

沃特·史蒂文斯在他那本由密苏里历史学会发行的《记者眼中的林肯》一书中告诉我们，以上所说的这种方法也就是林肯在强调某一要点时最喜欢用的方法之一：

他会以很快的速度说出几个字，当来到他希望强调的那个单词或句子时，他会让他的声音拖长，并一字一句说得很重，然后就像闪电一般，迅速把句子说完……对于他所要强调的单词或句子，他会把时间尽量拖长，说这一句话的时间几乎和他在说其余五六句不重要句子的时间一样长。

再试试下面一个实验：很快说出 3000 万美元，口气要显得平淡，这样让人听起来就像这只是一笔数目很小的钱。接着，再说一遍 3 万美元，速度要慢，而且要充满沉重的感觉，仿佛你对这笔金额庞大的钱感到印象极为深刻一般。这样听起来，是不是觉得 3 万美元反而比 3000 万美元更多呢?!

第五，在要点前后停顿一下。

林肯经常在谈话途中停顿一下。当他说到一项他认为的重要之点，而且也希望他的听众在脑海中留下极为深刻的印象时，他会倾身向前，直接对视着对方的眼睛,足足达一分钟之久,但却一句话也不说。这种突如其来的沉默,具有与突然而来的嘈杂声相同的效果。即,它能够吸引人们的注意力。这样做,会使得每个人提高注意力,变得警觉起来,并注意倾听对方下一句将说些什么。例如,在林肯与道格拉斯那场著名的辩论快接近尾声之际,所有迹象都表明他已失败,他为此而感到很沮丧,他那种痛苦的神态侵蚀着他,这反倒为他的演说词增添了不少悲壮感人的气氛。在他的最后一次演说中,他突然停顿下来,默默站了一分钟,望着他面前那些半是朋友半是旁观者的群众的脸孔,他那深陷下去的忧郁的眼睛跟平常一样,似乎满含着未曾流下来的眼泪。他把自己的双手紧紧并在一起,仿佛它们已太疲累了,无法应付这场无助的战斗,然后,他以他那独特的单调声音说道:"朋友们,无论是道格拉斯法官还是我自己被选入美国参议院,那是无关紧要的,一点关系也没有;但是我们今天向你提出的这个重大的问题才是最重要的,远胜过任何个人的利益和任何人的政治前途。朋友们,"说到这儿,他又停了下来,听众们屏息以待,唯恐漏掉一个字,"即使在道格拉斯法官和我自己的那根可怜、脆弱、无用的舌头已经安息在坟墓中时,这个问题仍将继续存在、呼吸及燃烧。"

替他写传记的一位作者指出:"这些简单的话,以及他当时的演说态度,深深打动了每个人的内心。"林肯在说完他所要强调的话之后,经常会停顿一下。他以保持沉默的方式来增强这些话的力量,同时也使它们的含义进入了听者的内心,让对方产生巨大影响。

奥利佛·罗吉爵士在演说当中会经常停顿下来,这种时候一般被放在一些重要的段落前后。有时,一个句子可能被停顿三四次,而且他在这样做时往往表现得很自然,不易被人察觉。没有人会注意到这一点,除非有人在专门分析罗吉爵士的演说技巧。

大诗人吉卜林说:"你的沉默,道出了你的心声。"在说话中聪明地运用沉默,可使沉默发挥最大的功用。它是一种强而有力的工具。它太重要了,你切不可忽视。然而,初学演说者却往往将其忽略了。

下面这一段是从荷曼的《生动活泼的谈话》一书中摘录出来的,已经注明了应在哪儿停顿。当然这并不是说,所标的这些地方是演说者应该停顿的唯一地方,或者说是停顿的最佳地方。这只能说是停顿的方式之一。应该在什么地方停顿,并不是一成不变的,应该视其意义、气氛及感觉来确定。你今天演说时在某一个地方停顿了,但当你明天再作相同的演说时,可能就要在另一个地方停顿了。

先把下面这段话大声念一遍,不要停顿。然后再念一遍,在注明的地方停顿一下。看一看,停顿到底有什么效果呢?

销售是一场战斗!(停顿,让"战斗"这个念头深入听众脑海中)只有战斗者才能获胜。(停顿,让这一点深入听众脑海中)我们也许不喜欢这种情况,但我们既无力创造它们,也无法改变它们。(停顿)当你踏入销售界时,要鼓起你的勇气。(停顿)如果你不这样做,(停顿,把悬疑的气氛拉长一秒钟)每一次你出击时,都将被三振出局,除了一连串的零蛋,什么分数也得不到。(停顿)对投手心存恐惧的打击者,永远到不了三垒。(停顿,让你的说词深入听众心中)这一点要切切记住。(停住,让它更深入一层)能够把球击得老远,或甚至让球飞过网子,造成全垒打的人,通常是这样子的球员;他在踏上打击位置时,(停顿,且把悬疑的时间拉长一点,使大家聚精会神地聆听你将如何介绍这位杰出的打手)心中已坚强地下定了决心。

把下面几段名人语录大声有力地读一遍。注意你会在什么地方自然地停顿。

美国的大沙漠并不位于爱荷华、新墨西哥或亚利桑纳,而是位于普通人的帽子底下。美国大沙漠是一种心理上的大沙漠,而不是实质的大沙漠。

J. S. 克诺斯

世界上没有治疗百病的万灵药,只有广告略微接近。

——福士威尔教授

我必须对两个人特别好——上帝和加菲尔德。我此生必须与加菲尔德共同生活,死后则和上帝在一起。

——詹姆斯·加菲尔德

一个人的自然的日常谈话，需要进行改善的地方很多。因此，先使你的日常谈话达到完美自然的境界，然后把这个方法带到讲台上去，你就成功了。

第十三章

13

改变你的语言表达习惯

从书本中学习！它就是取得成功的秘诀。一个人要想增加及扩大自己的文字存储量，他就必须经常让自己的头脑受文学的洗礼。

——卡耐基 《演讲的艺术》

世界上全新的事物很少,最伟大的演讲者,也要借助阅读的灵感和来自书本的资料。要扩大文字储量,必须让自己的头脑常常接受文字的洗礼。

一位又穷又没有工作的英国人,走在费城的街道上找工作。他走进大商人保罗·吉彭斯的办公室,要求和吉彭斯先生见面。吉彭斯先生用不信任的眼光看着这位陌生人。他衣衫褴褛,衣袖底部全磨光了,全身上下到处透着寒酸气。吉彭斯先生一半出于好奇,一半出于同情,答应接见他。吉彭斯只打算听对方说几秒钟,但随即几秒钟却变成几分钟,几分钟又变成一个小时,而谈话依旧进行。谈话结束后,吉彭斯先生打电话给费城的大资本家之一的狄龙出版公司的经理罗兰·泰勒先生,邀请他和这位陌生人共进午餐,然后罗兰·泰勒先生为他安排了一个很好的工作。

这个外表穷困潦倒的男子,怎么能在这样短的时间影响了如此重要的两位人物?

秘诀其实就一句话:他的英语表达能力。事实上,这个人是牛津大学的毕业生,到美国从事一项商业活动不幸失败,他被困在美国,有家难归。他在美国既没有钱,也没有朋友。英语是他的母语,所以他说得准确又漂亮,听他说话的人立即忘掉了他那双沾满泥土的皮鞋,褴褛的外衣,和那不修边幅的脸孔。他的辞藻立即成为他进入上流社会的护照。

这名男子的故事虽然有点不寻常,但它说明了一个真理:我们的言谈,随时会被别人当成评价我们的依据。我们说的话,显示我们的修养程度,它能让听者知道我们怎样的出身,它们是教育和文化的证明。

我们和这个世界只以四种方式接触。旁人是根据四件事情来评估我们,并把我们进行分类的:我们做什么,我们看起来什么样子,我们说些什么,我们怎么说。

然而,很多人稀里糊涂地过了一生,离开学校后,不知道要努力增加自己的词汇,不去掌握各种字义,不能准确而肯定地说话。他习惯了使用那些已在街头和办公室过度使用的、意义虚幻的词句,就难怪他的谈话缺乏明确性和个性特点了,也难怪他经常发音错误、弄错文法了。有很多大学毕业生满口的市井流氓的口头禅——连大学毕业生也犯这种错误,我们怎能期望那些因经济能力不足而缩短了教育时间的人甚至没有受到过教育的人不这样呢?

有一次,卡耐基来到罗马的古竞技场参观。一位来自英国殖民地的游客向他走来。他先自我介绍一番,然后大谈在这个"永恒之城"的游历经验。不到 3 分钟,"You was""I done"就纷纷脱口而出。那天早晨出门时,他特意擦亮了皮鞋,穿上一尘不染的漂亮衣服,企图维护自己的自尊,可是他忘了装饰他的词汇,以便能够说出优美的句子。他向女士搭讪时,如果未脱下帽子,他会感到很惭愧;但却不会惭愧——他甚至连想都没有想到——他弄错了文法,冒犯了别人的耳朵。他的话,整个儿把自己暴露出来,等待旁人的评断和分类。他的英语表达能力真的很可怜,就像在不断地向这个世界宣告,他是一个多么没有修养的人。

艾略特博士在哈佛大学担任校长有三分之一个世纪后宣称:"我认

为,在淑女或绅士的教育中,只有一门课是必修的,就是能准确、优雅地使用他的本国语言。"这是一句意义深远的声明,值得我们深思。

但是,你也许会问:我们如何才能同语言发生亲密的关系?我们如何以美丽而且正确的方式把它们说出来?卡耐基先生告诉我们,我们所要使用的方法没有任何神秘之处,也没有任何障眼法。这个方法是个公开的秘密。林肯就是使用这个方法获得了惊人的成就。除了林肯之外,还没有其他任何一位美国人曾经把语言编织得如此美丽,也没有人像他那样说出如此具有无与伦比的音乐节奏的短句:"怨恨无人,博爱众生。"

从林肯的身世来看,他可没有如此高贵,他的父亲只是位懒惰、不识字的木匠,他的母亲也只是一位没有特殊学识及技能的平凡女子,难道是因为他特别受上苍垂爱,赋予了他善用语言的天赋?我们没有证据支持这种推论。当他当选国会议员后,他曾在华府的官方纪录中用一个形容词"不完全"来描述他所受的教育。在他的一生当中,受学校教育的时间不超过 12 个月。那么,谁是他的良师呢?有的,他们是肯塔基森林内的萨加林·伯尼和卡里伯·哈吉尔,印第安纳州鸽子河沿岸的亚吉尔·都赛和安德鲁·克诺福,他们都是一些巡回的小学教师。他们从一个拓荒者的屯垦区流浪到另一个屯垦区,只要当地的拓荒者愿意以火腿及玉米来交换他们教导小孩子们读、写、算,他们就留了下来。当然,林肯也只从他们身上获得了很少的帮助及启蒙,他的日常处境对他的帮助也不多。

此外,他在伊利诺伊州第八司法区所结识的那些农夫、商人、律师及诉讼当事人,也都没有特殊或神奇的语言才能。好在林肯并没有把他的时间全部浪费在这些才能与他相等或比他低的同伴身上——你必须记住这一重大事实。相反,他和当时一些头脑最好的人物——跨时代的最著名歌手、诗人——结成了好朋友。他是怎样与这些并不同处一个时代的人结交的呢?看了下面的故事,你就明白了。

他可以把伯恩斯、拜伦、布朗宁的诗集整本整本地背诵出来。他还曾写过一篇评论伯恩斯的演讲稿。他在办公室里放了一本拜伦的诗集,另外还准备了一本放在家里。办公室的那一本,由于经常翻阅,只要一拿起来，就会自动摊开在《唐璜》那一页。当他入主白宫之后，内战的悲剧性负担消磨了他的精力，在他的脸上刻下了深深的皱纹。尽管如此，他仍然经常抽空拿一本英国诗人胡德的诗集躺在床上翻阅。有时候他会在深夜醒来，随手翻开这本诗集，当他凑巧看到使他得到特别启示或令他感到高兴的一些诗，他会立刻起床，身上仅穿着睡衣，脚穿拖鞋，悄悄找到他的秘书，甚至把他的秘书从床上叫醒，把一首一首的诗念给他听。在白宫时，他也会抽空复习他早已背熟了的莎士比亚名著，还常常批评一些演员对莎剧的念法，并提出自己对这部名著的独特见解。他曾写信给莎剧名演员哈吉特说："我已经读过莎士比亚的某些剧本了。我阅读的次数可能和任何一个非专业性的读者差不多一样多。《李尔王》、《理查三世》、《亨利八世》、《哈姆雷特》，特别是《麦克白》，我认为，没有一个剧本比得上《麦克白》，真是写得太好了！"

　　林肯热爱诗句。他不仅在私底下背诵及朗诵，还公开背诵及朗诵，甚至还试着去写诗。他曾在他妹妹的婚礼上朗诵过他自己写的一首长诗。在他的中年时期，他就曾把自己的作品写满了整本笔记簿。当他对这些创作还不是信心十足时，甚至连他最好的朋友也不允许去翻阅。

　　罗宾森在他的著作《林肯的文学修养》一书中写道："这位自学成才

的伟人,用真正的文化素材把自己的思想包扎起来。他可以被称为天才或才子。他的成长过程,同爱默顿教授描述的文艺复兴运动领导者之一伊拉斯谟的教育情形一样。尽管他已离开学校,但他仍以唯一的一种教育方法来教育自己,并获得成功。这个方法就是永不停止地研究与练习。"

　　林肯是一名举止笨拙的拓荒者,年轻时候经常在印第安纳州鸽子河的农场里剥玉米叶子及杀猪,以赚取一天三角一分钱的微薄工资。但就是这样一个貌不惊人的人,后来却在葛底斯堡发表了人类有史以来最精彩的一篇演说。当时曾有17万大军在葛底斯堡进行一场大战,大约7000人阵亡。著名演说家索姆奈在林肯死后不久曾说过,当这次战斗的记忆自人们脑海中消失之后,林肯的演说仍然活生生地印在人们的脑海深处。而且即便这次战斗再度被人们回忆起来,最主要的原因还是因为人们想到了林肯的这次演说。我们有谁能够否认索姆奈这段预言的正确性呢?

　　著名政治家爱维莱特也曾在葛底斯堡一口气演讲了两个小时。他所说的话早已被人们所遗忘,而林肯的演说却不到两分钟,有位摄影师企图拍下他发表演说时的照片,但等这位摄影师架起他那架老式的照相机及对准焦距之时,林肯已经结束了演说。

　　林肯在葛底斯堡的演说全文已被刻印在一块永不腐朽的铜板上,陈列于牛津大学的图书馆,作为英语文字的典范。研习演说的每一位后生,都应该把它背下来:

　　八十七年前,我们的祖先在这块大陆上创立了一个新的国家,它孕育于自由之中。他们主张人人生而平等,并为此而献身。

　　现在,我们正从事一场伟大的内战,这是一场考验这个国家或者任何一个像我们这样孕育于自由并奉行其主张的国家是否能长久存在的战争。我们聚集在这个伟大的战场上,将这个战场上的一块土地奉献给那些在此地为了这个国家的生存而牺牲了自己生命的人,作为他们的安息地。我们这样做是完全应该和正确的。

　　可是,从更广阔的意义上说,我们并不能奉献——不能圣化——更不能神化这片土地。因为那些在此地奋战过的勇士们，不论是还活着的或是已死去的，已经使这块土地神圣了，远非我们微薄的力量所能予以增减的。世人将不大会注意，更不会长久记住我们在这里所说的话，然而，他们将永远不会忘记这些勇士们在这里所做的事。相反的，我们活着的人，应该献身于勇士们未竟的工作，那些曾在此地战斗过的人们已经把这项工作英勇地向前推进了。我们应该献身于留在我们面前的伟大任务——我们要从那些勇于牺牲的战士身上汲取更多的奉献精神——我们要在这里下定决心使那些死去的人不致白白牺牲——我们要使我们的祖国在上帝的护佑下，获得自由的新生——我们要使这个民有、民治、民享的政府永世长存。

　　一般认为，这篇演说稿结尾的那个不朽的句子是由林肯独创出来的。真的是由他自己想出来的吗？事实上，林肯的律师合伙人贺恩登在葛底斯堡演说的几年前，就曾送过一本巴克尔的演说全集给他。林肯读完了全书，并且记下了书中的这句话："民主就是直接自治，由全民治理，它属于全体人民，并由全体人民分享。"不过巴克尔的这句话也有可能是从韦伯斯特那里借用来的，因为韦氏在巴克尔讲这句话的4年之前就曾在一封给海尼的复函中说过："民主政府是为人民而设立的，它由人民组成，并对人民负责。"如果进一步追根溯源的话，韦伯斯特则可能是从门罗总统那里借用来的，因为据考证，门罗总统早在韦氏讲此话的三分之一世纪之前就发表过相同的看法。那么门罗总统又该感谢谁呢？在门罗出生的500年前，英国宗教改革家威克利夫就已在《圣经》的英译本前言中说："这本《圣经》是为民有、民治、民享的政府所翻译的。"远在威克利夫之前，在耶稣基督诞生的400多年前，克莱温在向古雅典的市民发表演说时，也曾谈及一位统治者应用"民有、民治及民享"的制度来治国。至于克莱温究竟是从哪位祖先那儿获得的这个观念，那就无从考究了。

　　在这个世界上，真正货真价实的所谓全新的事物实在是太少了。纵使是最伟大的演说家，也要借助阅读的灵感及得自书本的资料。

　　从书本中学习！它就是取得成功的秘诀。一个人要想增加及扩大自己的文字存储量,他就必须经常让自己的头脑受文学的洗礼。约翰·布莱特说:"我一进入图书馆,就会感到一阵悲哀,因为自己的生命太短暂了,我根本不可能充分享受呈现在我面前的如此丰盛的美餐。"布莱特15岁时离开学校,到一家棉花工厂工作,从此就再也没有机会上学了。令世人惊奇的是,他却成为他那个时代最耀眼的演说家。他以善于运用英语文字而闻名。他对那些著名诗人的长篇诗句反复阅读,潜心研究,还详细地做笔记,并能将其中的一些精彩句子倒背如流。这些诗人包括拜伦、弥尔顿、华兹华斯、惠特尔、莎士比亚、雪莱等。他每年都要把弥尔顿的《失乐园》从头到尾看一遍,以增加他的词汇及文学素养。

英国演讲家福克斯通过大声朗诵莎士比亚来改进他的风格。格雷史东把自己的书房称为"和平殿堂",有15000册藏书,他承认因为阅读圣奥古斯丁、巴特勒主教、但丁、亚里士多德和荷马等人的作品而获益匪浅,荷马的希腊史诗《伊利亚特》和《奥德赛》使他很着迷,他写下了六本评论荷马史诗和他的时代背景的书。

英国著名政治家、演讲家皮特年轻的时候,经常阅读一两页希腊文或拉丁文作品,然后翻译成英文。他十年如一日,每天这样做,结果"他获得了无人能比的能力:在不需事前思考的情况下,就能把自己的思想化成最精简、最佳排列的语言"。

古希腊著名演讲家、政治家德摩斯梯尼抄写了历史学家修昔底德的历史著作八次,希望能学会这位历史学家的华丽高贵又感人的措辞。结果两千年后,威尔逊总统为了改进自己的演讲风格,就特别去研究德摩斯梯尼的作品。英国著名演讲家阿斯奎斯发现,阅读大哲学家伯克莱主教的著作,是对自己最好的训练。

英国桂冠诗人但尼生每天都研究《圣经》,大文豪托尔斯泰把《新约福音》读了又读,最后竟然背诵下来。罗斯金的母亲每天逼他背诵《圣经》的章节,又规定每年要把整本《圣经》大声地朗读一遍,"每个音节,一词一句,从创世纪到启示录"一点也不能少。所以,罗斯金把自己的文学成就归功于这些严格的训练。

RIS 被公认是英国文字中最受人喜爱的姓名缩写，因为它代表了苏格兰著名作家史蒂文森，他可以算是作家中的作家。他是怎样获得让他闻名于世的迷人风格的呢？他这样讲述他的故事：

每当我读到特别让我感到愉快的一本书，或一篇文章的时候——这书或文章很恰当地讲述了一件事，提出了某种印象，或者它们含有显而易见的力量，或者在风格上表现出愉快的特征——我一定要马上坐下来，模仿这些特点。第一次不会成功，一般都这样；我就再试一次。常常连续几次都不会成功，但至少从失败的尝试里，我对文章的韵律、各部分的和谐与构造等方面，有了练习的机会。

我用这种勤奋的方法模仿过海斯利特、兰姆、华兹华斯、布朗爵士、迪福、霍桑及蒙田。不管喜不喜欢，这就是学习写作的方法。不管我有没有从中获得收获，这就是我的方法。大诗人济慈也是用这种方法学习，而在英国文学上再也没有比济慈更优美的诗人了。这种模仿方法最重要的一点是：模仿的对象，总有你无法完全模仿的特点。去试试看，一定会失败的。而"失败是成功之母"的确是一句古老又十分准确的格言。

我们举出很多的成功人物的例子，这个秘诀已经完全公开。林肯在给一位渴望成为名律师的年轻人的信上说："成功的秘诀就是拿起书本，仔细阅读及研究。工作，工作，工作才是最重要的。"

你可以从班尼特的《如何充分利用一天的二十四小时》开始。这本书和洗冷水浴一样对你会有很大的刺激。它告诉你很多你感兴趣的事情——你自己。它向你显示，你每天浪费了多少时间，又该怎样制止这种浪费，怎样利用你省下的时间。这本书只有 103 页，可以在一周之内轻松地看完。每天从书上撕下 20 页，放在你的口袋中。然后把每天早上看报的时间缩短成 10 分钟，而不是习惯性地一看就是 20 或 30 分钟。

杰斐逊总统写道："我已经放弃了阅报的习惯，而是改为阅读古罗马历史学家塔西佗和古希腊史学家修昔底德的著作。我发现，在做了这一调整以后我自己也变得快乐多了。"如果你也学学杰斐逊的做法，把阅报的时间至少缩短一半，几周之后，你也将发现你自己比以前更快乐、更聪明了。你相信吗？你难道不愿意如此尝试一个月，并把你由此省下来的时间用来阅读更有持久价值的一本好书？你在等待电梯、巴士、送餐、约会的时候，何不取出你随身携带的那20页来看看呢？

你在读完这20页之后，把它们放回书本中，再撕下另外的20页。当你以这种方式读完全书之后，用一根橡皮筋套住封面，以避免那些脱落的书页四处散落。以这种方式来肢解及拆开一本书，岂不是比把它原封不动地摆在你书房的书架上毫无用处更好吗？

第十四章

14

丰富你的词汇

逐渐地，不知不觉地，但必然地，你的辞藻将会开始变得美丽而优雅。慢慢地，从你身上将开始反映出你这些精神伙伴的荣耀、美丽及高贵气质。德国大文豪歌德说："告诉我，你读了些什么，我将可以说出你是哪种人。"

——卡耐基 《演讲的艺术》

在你读完《如何度过一天二十四小时》以后，你可能会对同一位作者的另一部著作产生兴趣。那就试试《人类机器》。这本书将会帮助你学会如何更圆熟地与他人打交道。它也将协助你将自己潜藏着的镇静与泰然自若的优点发掘出来。

我们在此推荐这些书，不仅是推荐它们的内容，也推荐它们的表达方式，因为它们一定能增加及改进你的词汇。

另外，几本有帮助的书也一并介绍如下：弗兰克·诺里斯的《章鱼》和《桃核》，这是美国有史以来最好的两本小说。前者叙述发生在加利福尼亚的动乱与人类悲剧；后者描述芝加哥交易所股票市场经纪人的明争暗斗。托马斯·哈代的《苔丝》，这是写得最美的一本小说。希里斯的《人的社会价值》，以及威廉·詹姆斯教授的《与教师一席谈》，是两本值得一读的好书。法国名作家摩路瓦的《小精灵，雪莱的一生》，拜伦的《哈洛德的心路历程》以及史蒂文森的《骑驴行》，这些书也都应该列入你的书单中。

请爱默生每天与你做伴。你可以先阅读他那篇评论《自恃》的著名论文。让他在你耳边轻声念出像下面一些如行云流水般的句子：

说出隐藏在你内心深处的信念，它应该是世界性的；因为最内部的通常会成为最外部的——我们最初的思想经由最后审判的喇叭声传回我们身上。思想的声音对每个人都是很熟悉的，我们认为，摩西、柏拉图和弥尔顿等人的最大功绩就是，他们不受制于书籍及传统，他们不仅说出人们所说的，也说出他们所想的。每个人都该学会侦测及注意自内部闪现过他脑海的光芒，而不必去注意所谓贤者及智者的开导。然而，他却不知不觉地放弃了他的思想，因为那是他的思想。在每一位天才的作品中，我们往往会发现被我们遗弃的思想，他们带着某种疏远的高贵气质又回到我们眼前来。伟大的艺术作品不会对我们构成比这更有影响的教训。它们教导我们，以良好脾气的不妥协态度忠于自然地出现在我们脑中的印象，而不是像我们大多数时间那样，将来自我们脑海深处的声音置于一旁。否则，明天就有一位陌生人以良好的感性，正确说出我们所想的一切，同时，我们随时要被迫羞辱性地从别人那儿去获知我们自己的意见。

每个人的教育过程中，总有一段时间他会发现，嫉妒是无知的行为；模仿是自杀；不管是好是坏，他必须自己承担；虽然这个世界慈悲为怀，但每个人必须辛勤耕种分配给他的那块土地，才能获得粮食。存在于他身上的那股力量，是自然界的新事物。除了他自己之外，没有人知道他能够干什么，而他自己也要亲自尝试过之后才会知道。

但我们把最好的作者留在最后。他们是谁呢？有人请亨利·欧文爵士提供一份书单，列出他认为最好的 100 本书，他回答说："面对这 100 本好书，我只会专心去研究其中的两本——圣经和莎士比亚。"亨利爵士说得对。你必须到英国文学的这两个伟大的泉源取水喝。要经常去喝，而且要尽量多喝。把晚报丢到一边去，说道："莎士比亚，到这儿来，今晚和我谈谈罗密欧和他的朱丽叶，谈谈麦克白以及他的野心。"

如果你这样做，你会得到什么回报呢？逐渐地，不知不觉地，但必然地，你的辞藻将会开始变得美丽而优雅。慢慢地，从你身上将开始反映出你这些精神伙伴的荣耀、美丽及高贵气质。德国大文豪歌德说："告诉我，你读了些什么，我将可以说出你是哪种人。"

我上面所建议的这项阅读计划，只需要花费很少的意志力，而且只需利用谨慎节省下来的少数时间……你只需每本花上 5 美元，就可买到爱默生论文集及莎士比亚剧本集的普及版。

马克·吐温如何发展出他对语言文字的灵巧而熟练的运用能力的呢？他年轻时，曾搭乘驿马车，一路从密苏里州旅行到内华达州。旅程缓慢，且相当痛苦，必须同时携带供乘客及马匹食用的食物——有时候甚至还要准备饮水。超重可能代表了安全与灾祸之间的差别，行李是按每盎司的重量收费的，然而，马克·吐温却随身带了一本厚厚的《韦氏辞典大全》。这本大辞典伴随他翻山越岭，横渡荒凉的沙漠，走过土匪及印第安人出没的一片广袤土地。他希望使自己成为文字的主人，凭着独特的勇气及常识，他努力从事达成这项目标所必须做的工作。

皮特和查特罕爵士都把辞典读了两遍，包括每一页，每一个词。白朗

宁每天翻阅辞典,替林肯写传记的尼可莱和海伊从辞典里面获得很多的乐趣和启示,他们说,林肯常常"坐在黄昏的阳光下","翻阅着辞典,直到他看不清字迹为止"。

这些例子并不特殊。每一位杰出的作家及演讲家都有过相同的经验。

威尔逊总统的英文造诣很高。他的一些作品——对德宣战宣言的部分——在文学史上也有一席之地。他说他学会运用文字的方法是:

我的父亲绝对不允许家中的任何人使用不准确的字句。任何一个小孩子说溜了嘴,必须立即更正,任何生词得立即解释清楚。他鼓励我们每一个人把生词应用在日常的谈话中,以便把它牢牢记住。

纽约一位演讲家,以句子结构严密、文辞简洁优美得到很高的评价。他最近的一次谈话,透露了他准确、有力地使用文字的秘诀。每当他在谈话或阅读时发现不熟悉的词,就立刻把它抄在备忘录上。然后在晚上就寝之前先翻翻辞典,彻底弄清楚那个生词的意思。如果白天没有碰到任何生词,就阅读一两页费纳德的《同义词、反义词和介词》,研究每一个词的准确意义,日后当做最好的同义词使用。一天一个新词——这就是他的座右铭。这也表示,一年他至少增加 365 个额外的表达工具。这些新词全记在一个小笔记本上,有空闲的时候就取出来复习。他发现一个新词使用三次后,就会成为他的词汇里永恒的一分子。

使用辞典不仅是为了了解某个词的准确意义,也是为了找出它的来源。在英文辞典里,每个单词的历史和来源,通常都列在定义后的括号内。可不要认为这些每天都在说的单词只是一些枯燥、冷漠的声音,其实它们充满了色彩,有着浪漫的生命。比如说"打电话给杂货店,叫他们送些糖来"。即使是这样平淡的两个句子,我们仍然使用了许多从不同文字借用的词。"telephone"(打电话)是由两个希腊字组成的,"tele"的意思是"远方的",而"phone"意味着"声音"。Grocer(杂货商)是法文里一个历史悠久的词 grossier 借用过来的,而法文又是从拉丁文 gross – arius 演变而来,意思是指零售和批发商人。Sugar(糖)来自法文,法文又源于西班牙语。西班牙语又从阿拉伯文借用,阿拉伯文又脱胎于波斯文,波斯文里的这个词 shaker 是梵文 carkara 一词的演变,意思是"糖果"。

再如,你可能在某家公司上班或是自己有了一家公司。公司 company 源于法文的一个古字 companion(伙伴);而 companion 由 corn(与)和 pani(面包)两个词组成。你的伙伴 companion 就是和你共享面包的人,一家公司 company 就是由一群想共同赚取面包的伙伴组成的。你的薪水 salary 指你用来买盐 salt 的钱——古罗马士兵可以领到买盐的一些津贴,后来有一天一位士兵把他的整个收入称为 salarium(买盐钱),成为一个广为流传的俚语词,最后却又成为一个非常受尊敬的英语单词。你现在手中拿着一本书 book,这个词的真正意思是指一种树木 beech(山毛榉)。因为很久以前,盎格鲁·撒克逊人都把他们的字刻在山毛榉树干上,或是刻在用山毛榉木做成的桌面上。放在你口袋中的 dollar(美元),实际上的意义是 valley(山谷)。因为最早的钱币是 6 世纪在圣卓亚齐姆的山谷中铸造的。

再看 janitor（看门人）和 January（1月）这两个词，都借用意大利西部古国伊楚里亚的一名铁匠的姓氏。这位铁匠住在罗马，专门制造一种特殊的门的锁和门闩。他死后被奉为异教徒的神，有两张脸孔，能同时看到两个方向，代表了门的开启与关闭。因此，介于一年的结束和另一年开始之间的那个月份，就被叫做 January 或是 Janus（这位铁匠的姓氏）。当我们谈到 January（1月）或一位 janitor（看门人）时，我们等于是在纪念一位铁匠。他活在耶稣诞生的 1000 年前，娶了一位名叫 Jane 的妻子。

同样，一年里的第7个月份 July（7月），是根据古罗马的 Juliu Caesar（恺撒大帝）命名的。奥古斯都大帝为了不让恺撒专美于前，就把下一个月份命名为 August（8月）。而且在当时的8月份只有30天，奥古斯都大帝不甘心以他的姓氏为名的月份竟然比以恺撒为名的月份少了一天，他就从2月抽出一天，加入8月里。这种自负心理的痕迹很明显地呈现在你的日历上。真的，你将发现，每个单词都有着这样迷人的历史。

试着从大词典里寻找这些单词的来源：Atlas（地图册）、Boycott（联合抵制）、Cereal（谷类食品）、Colossal（巨大的）、Concord（和谐）、Curfew（宵禁）、Education（教育）、Finance（财政）、Lunatic（疯人）、Panic - stricken（惊慌失措）、Palace（皇宫）、Pecuniary（金钱）、Sandwich（三明治）、Tantalize（逗引）。找出它们背后的故事，这将让它们更加多姿多彩，更加有趣。你会更觉有滋味和乐趣使用它们。

试着正确说出你的意思，表达你思想中最微妙的部分，这不见得是容易办得到的——即使是有经验的作家也不一定办得到。美国著名的女作家芳妮·赫斯特曾经说过，她有时候把写好的句子一改再改，通常要改50次到100次。她说，有一次她还特地计算了一下，发现一个句子竟被她改写了104次之多。另一位著名女作家沃伦坦诚地说，为了从一篇即将在各报纸联合刊登的短篇小说中删去一到两个句子，有时甚至要花掉整整一个下午的时间。

美国政治家莫里斯曾经述说过美国著名作家戴维斯为了找出最合用的词是如何辛勤地工作的：

　　他写的小说中的每一个词，都是他从他所能想到的无数单词中精挑细选出来的。他所选用的词，都是依据他一丝不苟的判断，且都必须是最能经得起考验的词。每个词，每个句子，每一段落，每一页，甚至整篇小说，都是写了一遍又一遍。他采用的是一种"淘汰"的原则。如果他希望描述一辆汽车转弯驶入某院大门，他首先要作冗长而详细的叙述，任何细节都不放过。然后，他开始一一删除他痛苦思索出来的这些细节。每做一次删除，他都要问问自己："我所要描述的情景是否仍然存在？"如果答案是否定的，他就把刚刚删除的那个细节又放回原处，然后，试着去删除其他的细节，如此一一删除下去。在经过如此千辛万苦的努力工作之后，最后呈现在读者面前的就是那些简洁而明澈的片断。正是有了这一过程作铺垫，他的小说与爱情故事才会一直受到读者的喜爱。

　　我们大多数人，都没有花如此多的时间也没有如此尽力去辛勤地寻找那些合意的字眼。我们之所以在此举出这些例子，是要向你表明，成功的作家是十分重视用正确的语言来表达自己的思考的。我们同时期望，这样做能够使学习演说的学员们对语言及文字的运用更感兴趣。当然，一个演说者不应该到了演说途中停顿下来，支支吾吾地，以求找出他渴望表达的意义的正确语言。不过，他应该每天练习，以对自己的意思做最正确的表达，一直到这些语言能够很自然顺畅地从头脑中涌出为止。要想成为一个成功的演说家，你是应该这样做的，但你这样做了吗？没有，你并没有这样做。

大文豪弥尔顿在他的作品中共使用了8000个单词，莎士比亚作品使用的词汇达15000个。一本标准的辞典词汇为45万个。但根据最普通的估计，一般人只要认识2000个词，在讲话时就足以运用自如了。一般人通常只懂得一些动词，以及把它们串联起来的一些连接词，再加上一些名词，以及一些被已经滥用了的形容词。一般人在精神方面也相当懒散，或是太过于专心于事业，因此无暇学习如何将意念做最正确的表达。其结果怎样呢？且让我举个例子吧。我曾经在科罗拉多的大峡谷边度过终生难忘的几天。在有一天下午，我听见一位女士竟以一个相同的形容词来形容一只狗、一段管弦乐曲和一位男士的脾气，以及大峡谷本身，那就是，他们全都很"漂亮"。

那么，她到底用的是哪一个形容词呢？因为英国语言学家罗杰在"beautiful"（漂亮）下面列出了许多的同义字。你能猜得出她所使用的到底应该是其中的哪一个吗？

同时，一定要避免使用老掉牙的表达方式。你不仅要努力做正确的表达，也要尽量使自己的表达具有新鲜感与创意。要有勇气把你对事情的看法说出来，因为"事情本身就是上帝"。例如，在《圣经》记载的诺亚大洪水之后不久，一些最富创意的人首先使用了这个比喻："冷得像条黄瓜。"这个比喻真是太好了，因为它极具新鲜感。即使是在后来的贝尔夏加的著名盛宴上，这个比喻仍可保有它的原始新鲜感，并值得在一场宴会后的演说中使用。但是到了今天，我们这些以拥有创造力而自负的人，如果还在重复使用这个比喻，你难道不感到羞愧吗？

下面是12句用于表示寒冷的比喻。它们岂不跟那个陈腐的"黄瓜"比喻具有同样的效果，不仅更新鲜，也更能为人所接受吗？

冷得像青蛙。

冷得像清晨的热水袋。

冷得像坟墓。

冷得像格陵兰的冰山。

冷得像泥土。

冷得像乌龟。

冷得像飘雪。

冷得像盐巴。

冷得像蚯蚓。

冷得像黎明。

冷得像秋雨。

趁你现在还有这份兴致，可以想想你自己的比喻，用以表达寒冷的感觉。要有与众不同的勇气，并把它们写在下面。

女作家凯瑟琳·诺利斯曾就如何才能发展出自己独特的风格来，做如下的回答："阅读古典散文与诗集，并严厉地删除你的作品中无意义的词句及陈腐的比喻。"

一位杂志编辑每当发现投来的稿子中有两三处陈腐的比喻时，他就立即把稿子退还给作者，以免浪费时间去看它。在他的心目中，一个没有表达创意的作家，将无法表现任何有创意的思想。

第十五章

15

充分的休息让你的精神更加饱满

在做一场重要的演讲前，尽量吃得简单，要是条件允许，最好小憩片刻。你的身体、大脑和思想都需要一点休息来恢复状态。

——卡耐基 《演讲的艺术》

风格和个性是演讲成败与否的关键因素。想要获取听众的信任，你必须保持自然和热诚。

卡耐基技术研究所曾经作过一次智力测验，测验对象是 100 位著名的商业人士。研究所根据这次测验得出的结果向社会宣布：影响事业成功的诸多因素中，个性的重要性远大于智商。

这无疑是一项重大的发现，对于商界人士，有着极为重要的意义。不仅如此，它对于任何职业的人士而言，都具有重大的意义。而对于演讲者来说，同样是一个非常重要的好消息。

个性在演讲中的重要性，恐怕只比预先准备要少一点。就如埃波特·胡帕德所说："在演讲过程中，获取听众信任的不是演讲者的语言，而是他的态度。"个性究竟是什么呢？仿佛你看得到，却又不能十分肯定，有些模糊但似乎又很清楚。大概就如同紫罗兰的香气那般令人无法分析。个性是一个人作为个体的综合：包括生理、心理、精神状态，还有遗传、爱好、修养、经历、体会、锻炼等所有与个体有关的情况。其复杂程度几乎可与爱因斯坦的相对论相比，也只有极少部分的人可以明白。

对个性塑造起重要作用的是环境和遗传因素，个性是很难再改变的，我们可以用一些方法使个性加强变得更有威力、也更吸引人。我们要尽可能地利用自己独一无二的资源。

首先，充分的休息，是保证你的个性发挥充分的一个必要条件。试想一下，一位神色疲倦的演讲者会让听众有何感想？人们最常犯的错误：把准备工作和计划的事情都拖到最后一分钟，不得不做的时候才急忙完成它。请你切记，一定不要这样做，因为这样会对健康造成负面影响，大脑也会过度疲劳，会减弱你的活力和能量，让你的思想变得迟钝。

要是你下午 4 点钟将做一个重要的演讲，那午餐尽量吃得简单，要是条件允许，你可以小憩片刻。你的身体、大脑和思想都需要一点休息来恢复状态。

姬尔拉婷·法拉有一个习惯，常常会令新结识的朋友感到不解，因为她会在大家谈兴正浓的时候，早早地道晚安，然后留下自己的丈夫和朋友们继续谈天说地，自己去睡觉。她的这种习惯源自她对自己艺术工作的充分了解。

发表重要的演讲之前，还要注意不要吃得太饱，学学那些圣徒，稍稍吃上一点。每周日下午5点，亨利·毕丘往往只吃一些饼干、喝点牛奶，不再吃其他任何东西。

墨芭夫人说："如果准备在晚上演唱，我就不吃午餐，只在下午5点时吃一点儿鸡肉，或鱼肉，或甜面包，一个苹果和一杯水。所以每次从歌剧院或音乐厅回家后，都发现自己饿得不行了。"

墨芭夫人和毕丘的做法很明智。经验告诉我们，当你吞下饭前的酒和汤，以及牛排、炸薯片和沙拉、蔬菜、甜点，然后要站上一个小时，你不但不能达到身体的最佳状态，也不能让演讲得到尽情的发挥，原因是本来应该输送到脑里的血液，全集中到了胃部去同牛排及炸薯片战斗去了。著名音乐家帕德列夫斯基说得对，他说，他若在演奏会之前随心所欲地大吃一顿，那么他身上的兽性将会占据上风，甚至还会渗进他的指尖，而使他的演奏遭到破坏及变得呆板。

所以，演讲之前，一定不要大吃一顿，弄得肚子鼓鼓的，喘气都费劲，就更别提进行一场成功的演讲了。

第十六章

16

不要忽略了你的衣着和态度

得体的衣服会使他们增加信心，使他们的自信心大增并提高他们的自尊心。他们发现，当他们的外表显得很自信时，他们的思想也比较容易顺畅，他们的表达也更容易取得成功。这就是衣装对穿着者本人所产生的影响。

——卡耐基 《演讲的艺术》

衣着是演讲者给听众的第一印象，包括头饰、面饰、服饰等身体外表的装饰打扮，演讲是一门综合艺术，既要求有美的激情、美的声音、美的结构和美的内容，也要求有美的仪表，如此才能给听众留下美的视觉享受。适度地讲究仪容仪表，既能增强演讲者的信心，也有助于取得听众心理上的认同。

有一次，一位担任大学校长的心理学家向一大群人发出问卷，向他们询问，衣服对他们产生什么影响。结果，被询问者几乎一致表示，当他们穿戴整齐、全身上下一尘不染时，他们能清楚地知道自己穿得很整齐，而且也可以感觉得到，这表明衣服会对他们产生某种影响。这种影响虽然很难解释，但十分明确，十分真实。得体的衣服会使他们增加信心，使他们的自信心大增并提高他们的自尊心。他们发现，当他们的外表显得很自信时，他们的思想也比较容易顺畅，他们的表达也更容易取得成功。这就是衣装对穿着者本人所产生的影响。

演讲者的衣着会对听众产生什么影响呢？你可能已经注意到了，如果演讲者是位不修边幅的男士，穿着宽宽松松的裤子、变形的外衣和鞋子，自来水笔和铅笔露在胸前口袋外面，一张报纸、一只烟斗或一罐烟草把西装的外侧塞得凸了出来；如果演讲者是一位女士，带着一个样子丑陋的大手提包，衬裙还露在外面，听众对这样的一位演讲者根本就没有信心，就如同演讲者对自己的外表也没有信心一般。看了他或她那个乱糟糟的样子，听众岂不是也认为，这位演讲者的头脑一定也是乱七八糟的，就如同他那头蓬乱的头发、未经擦拭的皮鞋，或是胀得鼓鼓的手提包一样。

当罗伯特·李将军代表他的军队前往阿波麦托克斯镇投降时，他穿着一套整整齐齐的制服，腰边还佩戴着一柄很珍贵的长剑。与他形成鲜明对照的是，受降的格兰特却未穿外套，也未佩剑，只穿着士兵的衬衫和长裤。格兰特后来在他的回忆录中写道："相较之下，我一定是个十分怪异的对象，而对方则是一名衣着漂亮的男士，身高6英尺，服饰整齐。"没能在这个历史性场合穿上合适得体的服饰，这也成为格兰特将军一生中

最大的遗憾之一。

　　美国农业部曾在其实验农场上养了几百箱的蜜蜂。每一个蜂巢都被装上一面很大的放大镜，只要按下按钮，蜂巢内部就会被电灯照得通明。这样，在任何时候，不论是白天或夜晚，这些蜜蜂的一举一动都能被很细密地观察到。演说者的情况也与此类似。他也像被安置在放大镜下，被聚光灯所照射，所有的眼睛都在看着他。在众目睽睽之下，他个人外表上哪怕是最微小的不调和之处，立刻会像科罗拉多的帕克山峰那般醒目。

　　演讲者的打扮不在于华贵和时尚，而在于大方和得体，自然而协调。具体说来，头饰要简单庄重、雅而不俗，切忌披头散发，蓬头垢面，仓促上阵。面饰以清秀、淡雅、自然、和谐为主，切忌浓妆艳抹。服饰应端庄大方，与演讲者的年龄、身份、容貌、身材乃至演讲的内容、环境、气氛协调，切忌雍容华贵、矫揉造作。

　　演讲者要情绪饱满，言辞恳切，要有说服力，要有时代感，要知识渊博而态度和蔼、真诚，而且要面带微笑。

　　卡耐基先生曾替《美国杂志》撰写过一篇关于纽约一位银行家的生平故事。这位银行家认为自己成功的最重要因素，在于他那迷人的微笑。乍听之下，这种说法可能显得有点儿夸张，但这是千真万确的。其他的人——可能有几十个甚至几百个,可能拥有更丰富的经验,而且也具备更为优越的财经判断力,但这位银行家却不同,他拥有他们所没有的一种额外资产:最随和的个性。在这种个性中,他那温暖、受人欢迎的微笑,则是其中最大的特色之一。这种微笑能使他立即赢取别人的信心,使他立刻获得别人的好感。只要是与他有过一面之交的人,都愿意看到他获得成功,而且都十分乐意对他表示支持。

中国有句成语叫"和气生财"。在观众面前展露笑容,岂不是与在柜台后面的笑容一样受人欢迎吗?有位学生参加了由布鲁克林商会主办的演讲训练班。当他出现在观众面前时,全身都散发出一股气息,仿佛在向台下的人表明他很高兴能来到这儿,他很喜欢他即将进行的演说工作。他总是面带微笑,而且显得十分乐意地面对着他的听众。他的这种情绪很快感染了台下的每一位听众,人们立即觉得他十分亲切,而他也大受欢迎。

与之形成鲜明对照的是,有一些演讲者以一种冷漠、造作的姿态走上讲台,以一种很不情愿的神态来发表这次演说。等到演讲完了,好像完成一个苦差事似的,谢天谢地的。我们这些当观众的,也会很快被他的这种情绪所感染,会十分沉重地听完他的演讲。

奥佛·斯特里特教授在《有影响力的人类行为》一书中写道:

喜欢产生喜欢。如果我们对我们的听众有兴趣,听众也会对我们产生兴趣。如果我们不喜欢台下的听众,他们不管在外表或内心,也会对我们表示厌恶。如果我们表现得很胆怯而且慌乱,他们也会对我们缺乏信心。如果我们表现得很无赖,而且大吹其牛,听众们也会表现出自我保护性的自大。经常的,我们甚至尚未开口说话,听众就已评定我们的好或坏了。因此,我有充分的理由指出,我们必须事先确信我们的态度一定会引起听众的热烈反应。

第十七章

17

把听众聚集在一起

当一个人置身于一大群听众之间时，他会不由自主地随大众的气氛时而开怀大笑时而热烈鼓掌。但当他处于分散的人群中时，由于气氛太冷清，他会对之无动于衷。

——卡耐基 《演讲的艺术》

身为一名成功的演讲者,卡耐基经常会在下午对稀稀落落分坐在大厅内的一小群听众发表演说,或是在晚间对拥挤在一个狭小空间内的一大群人发表演讲。他注意到,在不同时间,听众对演讲者的反应是不一样的,对同一个话题,晚上,听众们听了会开心地哈哈大笑,对每一段落都报以热烈的鼓掌,到了下午,却只能使听众们的脸上露出浅浅的微笑;到了晚上,听众们毫无反应。

这是为什么呢?其中一个原因是,下午的听众大多是年老的妇人或小孩子。他们当然比不上晚上那些精力充沛且比较有辨识能力的听众那般对讲题有那样热烈的反应。但这只是一部分的原因而已。

更真实的原因是,当听众分散开来时,他们不易受到相互感染。世界上再也没有比听众与听众之间那些空着的椅子更能浇熄听众热情的东西了。

亨利·比彻在耶鲁大学发表有关讲道的演说时说:"人们经常问我:'你是不是认为,对一大群人发表演说,要比向一小群人演讲更有意思?'我的回答是否定的。我可以向12个人发表精彩的演说,同样,我也可以向1000个人发表同样精彩的演说,对于前一个群体只要这12个人能够围坐在我的身边,紧紧地靠在一起,并且彼此可以碰到对方的身体。同样,对于后一种情形,如果1000个人分散而坐,每两个人还相隔4英尺之远,那也像在一间空无一人的房子里一般糟糕……把你的听众紧紧聚集在一起吧,你只要花一半的精神,就能令他们大为感动。"

当一个人置身于一大群听众之间时,他很容易有一种失去自我的感觉,因为他成了这些听众中的一分子,这当然比他单独一个人时更容易受到影响,他会不由自主地随大众的气氛时而开怀大笑时而热烈鼓掌。但如果他只是听你演说的五六个听众中的一个,虽然你对他说的仍然是同一内容,由于气氛太冷清,他会对之无动于衷。

当人们成为一个整体时,你很容易使他们发生反应,相反,如果你要使一个独处的人有所反应,就比较困难了。例如当男兵们前往战场时,他们一定会采取世界上最不顾一切后果的行动,他们希望大家聚成一团。

在第一次世界大战期间,大家都知道德国士兵上战场时,彼此要紧握住同伴的手不放。

如果我们要向一小群人发表演讲,就应该去找一个小房间。把听众聚集在一个狭小的空间,好过让他们分散在宽广的大厅里。

如果你的听众坐得很分散,就请他们移到前排来,坐在靠近你的位子上。你一定要坚持让他们移过来后才展开你的演讲。

除非听众相当多,而且确实需要演说者站到讲台上去,否则不要这样做。你可以下台去和他们站在同一高度,站在他们身边,这样可以不拘形式,同听众们亲切地打成一片,这能使你的演说和日常谈话一样轻松、自然,令人信服。

把听众聚集在一起,还要求演讲者要以听众为友。演讲者不能蔑视听众,更不能敌视听众。因为没有听众的配合,再精彩的演说也难以为继。只有真心实意地把听众当朋友,把演讲视为一次扩大了范围的交谈,才可能取得理想的演讲效果。正如马克·吐温所说："听众的反应，决定演讲的成败。把他们当作'企业里的伙伴'，谦逊地包容，便掌握了打开心扉的钥匙。"

与此同时，还要善于在众多的听众中寻找强有力的支持者。一次多、长距离的演讲，常使初登讲台的人产生孤立无援的感觉，此时可以不理会那些冷漠呆板的表情，而有意识寻找热情友好的目光，以获得精神上的鼓励。曾经有一位演讲获奖者在谈及此方面的体会时说："我在那次演讲中，起先心理很紧张，我就尽力克制自己，但效果不大。这时，我看见我们班好多同学都坐在会场左边的中排。他们个个脸带微笑注视我。当即我的心情非常愉快。我知道，他们正期待着我演讲成功。于是，我鼓足勇气讲完了开场白。这时，听众中爆发出一阵热烈的掌声，我看见我班的同学鼓得最起劲。此刻，我早已忘记了害怕，我对演讲的成功充满了信心。"

第十八章

18

别让演讲场所的环境干扰你

让你演讲的场合干净整洁，让光线恰到好处地照在你的脸上，别让其他额外的因素分散听众的注意力，这些都是你应该事先考虑到的。

——卡耐基 《演讲的艺术》

首先要保持空气的新鲜。演讲过程中,氧气是很重要的东西。不管是怎样动人的演讲,或者音乐厅里怎样美丽的女高音,都无法让身在恶劣空气中的听众保持清醒。如果你是演讲者之一,在开始演讲之前,不妨请听众们站起来休息两分钟,同时把窗户全部打开。

詹姆斯·庞德少校曾在美国和加拿大各地旅行,担任亨利·毕丘的经理。当时这位著名的布鲁克林传道师正受到大家的欢迎。庞德经常在信徒到来之前,去察看毕丘要传道的地点,认真检查灯光、座位、温度和通风情况。庞德是个退伍陆军军官,他很喜欢运用权威,大吼大叫。如果传道场所太热,空气不流通,而他又打不开窗子,他会拿起《圣经》,一下子把窗户玻璃砸得粉碎。他深信:"对于一位传道者来说,除了上帝的恩典,最好的东西就是氧气。"

灯光也是影响演讲成不成功的另一要素。除非你要在听众面前表演招灵术,否则就应尽可能让房里光线充足。要在一个像热水瓶里一样昏暗的房间里激起听众的热烈情绪,那简直是像要去驯服野鹌鹑那样困难。

如果你看过著名制片商比拉斯科有关舞台的著作,你就会发现,一般的演讲者对于灯光的重要性,简直没有一丝一毫的观念。

让灯光照在你的脸上,人们希望能看清楚你。应该让你脸上任何一点微妙的变化都能够清楚地呈现在观众面前,这是自我表现的一部分,也是最真实的一部分。这种呈现有时比你的言语更能表达你自己。如果你站在灯光的正下方,那你的脸部会产生阴影;如果你让灯光从你的后脑勺照过来,你的脸也一定掩藏在阴影中。所以在你演讲之前,先要找一个有最好光线的地点,难道这不是一种很明智的做法吗?也不要躲在桌子后面,听众同样希望看到演讲者的全身。他们甚至会从座位上探出头来,把你的整个人看个清楚。好心的主持人一定会替你预备一张桌子,一个水壶和一个杯子。但是你不能要水壶或杯子,不能要那些放在讲台上的毫无用处又难看的废物。如果你的喉咙很干,那就找一点儿盐含在嘴里,或尝一点柠檬,这会让你的唾液流出来,而且比尼亚加拉瀑布还多。

百老汇大道上的各种品牌的汽车展览室都布置得十分漂亮、整洁、干净、赏心悦目。法国巴黎名牌香水和珠宝店的办公室，也是那么高雅豪华。为什么要这样子？因为这些都是高级的商品，顾客看到这些展览室布置得如此美丽之后，会对这些产品更为尊敬，更有信心，也更羡慕。

相同的理由，一名演讲者也应该有赏心悦目的背景。理想的布置应该是完全没有什么家具，演讲者的后面也不能有任何足以吸引听众注意力的东西，两边也不能有——也就是说，除了一幅深蓝色的天鹅绒幕布，你什么东西都不要。

但是，一般演讲者的背后常常都有些什么东西呢？地图、图表，也许还有一堆积满灰尘的椅子。这是什么效果？一种粗俗、凌乱，很不和谐的气氛。你一定要把没用的东西全部清除掉。

亨利·毕丘说："演讲中最重要的东西是人！"

如果你是演讲者，一定要很突出地表现出来，要像少女峰白雪覆盖的峰顶与瑞士的蔚蓝天空相互辉映那样突出。

有一次，加拿大总理在安大略省的兰登市演讲。他演讲的时候，有一个工人拿着一根长木棒从这个窗户走到另一个窗户，一一调整窗子。结果听众几乎一时忘记了台上的演讲者，专心致志地看着那位工人，仿佛他正在表演什么魔术似的。

不管是听众或观众,他们都无法抵抗——或者说,他们不愿意抵抗——望向移动物体的诱惑。演讲者只要能够记住这一真理,那么他就能让自己避免一些困扰和不必要的烦恼。

第一,他应该克制自己,不去玩弄自己的手指、拨动衣服或是做些会削减听众对他的注意力的一些紧张的小动作。一位很有名的纽约演讲家在演讲时,用手玩弄讲台上的桌布,结果听众们全都专心地望着他的手,足足有半小时。

第二,如果可能的话,演讲者应该把听众的座位做适当的安排,使他们不会看到迟到的听众进来,如此可以防止他们分散注意力。

第三,演讲者不应该安排贵宾坐在讲台上。雷蒙·罗宾斯曾在布鲁克林发表一系列的演讲,他邀请卡耐基和另外几位贵宾一起坐在讲台上。卡耐基拒绝了,理由是这样做对演讲者没有任何的好处。事实真的是这样,在第一天晚上,卡耐基就注意到有好几位贵宾移动身子,把一条腿放到另一条大腿上,然后又放下来,等等;他们只要有任何人稍微移动一下,听众就会把眼光从演讲者身上移到这位贵宾身上。第二天,卡耐基把这种情形告诉了罗宾斯先生。在后来的几个晚上,他就很聪明地单独一个人站在台上了。

有的演讲者不允许舞台上放置红色的鲜花,因为会吸引太多的注意力。那么,演讲者又怎么能允许在他演讲时让另一个动个不停的人面对观众坐着?不应该这样做,只要他稍微聪明一点的话。

第十九章

19

保持良好的姿势

要是一个人全神贯注于要说的话，以至于达到忘我的境界，那他的言谈举止最自然不过，他的言语和手势不会遭到任何质疑。

——卡耐基 《演讲的艺术》

演讲者不要坐着面对听众,如果必须坐下,那就注意自己的姿势。想一想,你是否看到过许多人东张西望,想要找到一把空椅子,那模样就像是一只猎狗在寻找可以躺倒睡大觉的地方,当他们找到椅子时,就赶紧冲上前去,把自己像丢沙包一样重重地坐下去。

正确的做法是:先用脚接触到椅子,然后从头到肩到臀部都保持直立,然后缓慢地坐下去。

我们知道一些小动作会分散听众的注意力,让听众感觉你缺乏自制力。不能帮助你演讲的动作都会分散听众的注意力,因此,你演讲时的最佳姿势就是安静地站立着,挺直你的身体,让听众感觉你自信而又自然。

每天你都要做的练习之一,就是挺起你的
胸膛,不要等站在听众面前才想起来。

在你开始演讲之前,不要像个业余演讲家那样,急匆匆地就开口说。你应该深吸一口气,气定神闲地凝视你的听众,大约一分钟的时间就可以,即使听众原本有些躁动,这时间也足以让他们安静下来。

每天你都要做的练习之一,就是挺起你的胸膛,不要等站在听众面前才想起来。只要你平日里养成习惯，就会自然地在听众前挺直胸膛。

卢瑟·克里克在《效率生活》里写道："能始终让自己保持最佳姿态的人，10个里面未必有1个……要让脖颈紧贴后衣领。"他还建议人们每天练习："缓慢却用力吸气，此时脖颈一定要紧贴住衣领，即使你的动作有些夸张，那也没关系。这样做的目的是让你的背部能够挺直，也会让前胸看上去更厚实。"

至于你的双手，不用刻意地安置它们，就让它们在身体侧面自然下垂，这样的姿态既不引人注目，也不会遭到批评，而且，在你想要做手势时，随时可以自然地抬起。如果你特别紧张，并且觉得把手放在背后或是插进口袋里或者按着讲台的桌面会舒缓你的紧张，那也没什么关系。很多著名的演讲家也有一些特别的姿态，有一些人就很喜欢把手插在口袋里，布莱安如此，德普也是如此，就连罗斯福总统也是如此。你这样做了，天也不会塌下来，明天的太阳照常会升起。所以你不必太担心这个问题，只要你准备充分，投入全部的热诚来面对听众，手和脚摆放在什么位置不会是他们最关心的问题。

卡耐基先生所上的第一堂演讲课，是由中西部一所学院的院长亲自讲授的。在他的记忆中，这一堂课谈到的主题就是姿势问题。遗憾的是，卡耐基认为这堂课不仅毫无用处，而且观念错误，绝对有害。这位院长强调，应该让手臂松弛地下垂于身体两侧，手掌心向后，手指半弯曲，拇指与大腿接触。他还训练他的学员要以优雅的曲线举起手臂，手腕以古典方式转一圈，然后先把食指伸开，接着是中指、小指。等到这场具有美学及装饰性的训导进行完毕后，还要求学员的手臂再循着同样优雅但不自然的曲线放下来，还要再度贴住大腿外侧。整个表演极其呆板，而且十分造作，完全不合情理，也非常不真实。十分可笑的是，在他内心深处还觉得他所教的这一套是别处学不到的。

然而，他没有教他的学员应创造出一套独特的动作；也没有鼓励大家培养起做出手势的感觉；没有要大家在这样做的过程中注入生命的活力，使它显得自然；也没有要求大家放松心情，学会自动自发，突破保守的外壳，像一个正常人一样谈话及行动。整个表演令人感到十分遗憾，就像一架打字机一样，也像隔年的鸟窝一样毫无生气，更像电视闹剧那般荒唐不堪。

如此荒谬的言谈居然到了20世纪还在被教授，这实在令人难以相信。有一本有关演讲姿势的书——整本书的内容都在企图使人成为机械。它居然告诉读者，在讲到这个句子时该做出什么手势，讲到那个句子时又该做出什么手势，哪种情形要用一只手，哪种情形要用双手，哪种情形要把手举高，哪一种要举到中等高度，哪一种要放低，如何把这根手指弯起来，以及怎样弯起那根手指。有一次，有20个同学站在一班同学的面前，同时念着从这本书中摘录出来的相同句子，并在完全相同的句子上做出完全相同的手势，这一场景使人感到非常荒谬可笑、造作、浪费时间、机械化且有害于健康。这种机械化的演讲观念已使许多人对演讲教学产生了极为恶劣的印象。马萨诸塞州一所规模很大的学院的院长最近说，他的学校不开班教授演讲，因为他一直没有看到任何一种实用而且能教学生合情合理发表演讲的教学方法。

有关演讲姿势的所有著作，并不能使人们真正地掌握。你要想学会有用的姿势，只能自己去揣摩，从自己的内心，从自己的思想，从你自己对这方面的兴趣中去培养。唯一有价值的手势就是你天生就会的那一种。一盎司的本能比一吨的规则更有价值。

手势与晚宴服这种可以随意穿上或脱下的东西完全不同。后者只是一个人内在本能的一种外在表现，如同亲吻、腹痛、大笑及晕船一般。

而一个人的手势，就如同他的牙刷，应该是专属于他个人使用的东西。而且，就如人人性格各异一般，只要他们顺其自然，每个人的手势也应该各不相同。

不应该把两个特点各异的人训练成手势完全相同的人。你们可以想象，如果个子修长、动作笨拙、思想缓慢的林肯，和说话很快、个性急躁而且温文尔雅的道格拉斯使用完全相同的手势，那将是多么荒谬！

曾经和林肯共同执行法律业务并且替他撰写传记的贺恩登说："林肯

打手势的次数，没有他用脑袋做姿势多，他经常用力地甩动头部。当他想强调他的观点时，这种动作尤其有意义。有时候这个动作会猛然顿住，仿佛把火花飞溅到易燃物上。他从来不像其他的演讲者那样猛挥手势，像要把空气和空间切成碎片。他从来不用舞台效果的举动……随着演讲程序的进行，他的动作会越来越自由而且自在，最后臻于完美。他非常自然，而且带有强烈的个性，因此显得高贵尊严。他看不起虚荣、炫耀、造作与虚伪……当他把见解散播在听众的脑海中时，他右手的瘦长手指包含了一个极有意义而又特加强调的世界。有时候，为了表示喜悦与欢乐，他会高举双手，大约呈 50 度角，手掌向上，仿佛渴望拥抱那种精神。如果他要表现出厌恶，例如谴责奴隶制度，他会高举双臂，握紧双拳，在空中挥舞，表现出真正的憎恶。这是他最有效果的手势之一，表现出一种最生动的坚定决心，显示他决心把他痛恨的东西拉下来，丢在灰烬中践踏。他总是站得很规矩，两脚的脚尖在同一条线上，绝不会把某只脚放在另一只脚之前。他绝不会扶住或靠在任何东西上，在整个演讲过程中，他的姿势和态度只有少许的变化。他绝不会狂喊乱叫，也不会在讲台上来回走动。为了使他的双臂能够轻松一点，他有时会用左手抓住外衣的衣领，拇指向上，剩下右手自由地作出各种手势。"

著名雕塑家圣高登斯把他这种姿态雕成一座雕像，立在芝加哥的林肯公园。

这就是林肯的方法。罗斯福则比林肯更有活力、更激昂、更积极。他的脸孔因为充满感觉而显得生气蓬勃。他握紧拳头，整个身体成为他表达感情的工具。政治家布莱安经常伸出一只手，手掌张开。葛雷史东经常用掌拍桌子，或是用脚踩地板，发出很大的声响。罗斯伯利习惯高举右臂，然后使上无比的力量猛然往下一拉。不过这些动作先要演讲者的思想和信念有相当的力量才行，才能使演讲者的姿势强而有力，而且自然。

自然——有活力——它们是行动的极好表现。英国政治家柏克的手势非常的笨拙不自然。英国演讲家皮特，用手在空中乱划，像个笨拙的小丑。亨利·尔文爵士跛脚，行动怪异。马考雷爵士在讲台上的行为，也不敢恭维。巴尼尔也一样。已故的库松爵士在剑桥大学说："答案显然是，伟大的演讲家有他们自己独特的手势，虽然伟大的演讲家一定要有漂亮的外形及优雅的姿态，但如果演讲者凑巧生得很丑，行动又笨拙，那也没有太大的关系。"

吉普西·史密斯是一位著名的传道士，他的演讲曾经使几千人信奉耶稣，他也使用手势，而且用得很多，但不致让人感到有任何不自然。这才是最理想的方式。只要你练习运用这些原则，你会发现，你也是用这样的方式来作出你的手势。无论采用何种姿势，完全决定于演讲者的气质，决定于他准备的情形，他的热诚，他的个性，演讲者的主题听众，以及会场的情况。

不过，也有一些建议，可能也有点用处。不要重复使用一种手势，那会让人产生枯燥、单调的感觉。不要使用肘部做短而急的动作。由肩部发出的动作在讲台上看起来要好得多。手势不要结束得太快。如果你用食指强调你的想法，一定要在整个句子中维持那个手势。一般人都会忽略这一点，这是很普通也很严重的错误。它会削弱你所强调的力度，一些不重要的事情反而变得仿佛很重要了，真正的要点却显得不重要。

当你在听众面前进行演讲时，只使用那些自然发生的手势。但当你练习时,如果必要的话,强迫自己做出手势。在强迫你自己这样做时,会显得如此清醒而刺激,不久,你的手势就会自然而然地流露出来。合上书本,你是无法从书上学会手势的。当你演讲时,你的冲动和欲望才是最值得信任的,比任何教授所能告诉你的任何指示都更有价值。

请你一定记住:要是一个人全神贯注于要说的话,以至于达到忘我的境界,那他的言谈举止最自然不过,他的言语和手势不会遭到任何质疑。要是你不相信,你可以走到某个人面前,出其不意一拳把他打翻在地,你马上就会听到,他在站起身后对你说的话,那是一段表达方式近乎完美的流畅言语。

第二十章

20

介绍演讲者、颁奖和领奖

无论是介绍演讲者，还是发表颁奖辞、答谢辞，都要倾注你的真心和热情，过度的赞誉不可取，随意贬低也是不合适的。

——卡耐基 《演讲的艺术》

当你被邀请当众讲话时,你可以推荐别人为自己做一个开场白,以对演讲作一个说明,或者说些活跃气氛的话。也许你是某个民间组织的节目主持人,或者是一个妇女俱乐部的议员,你的任务是介绍一下本次会议的主讲人,或是你期盼着要在当地的俱乐部上发表演讲,或是在自己的销售小组、工会聚会或政治组织里发表自己的意见。

约翰·马森·布朗是一名作家兼演说家。他活泼生动的演说在全国各地赢得了无数听众。一天晚上,他在同即将把他介绍给听众的那个人讲话。

"不用担心你的演讲,"那个人对布朗说,"放轻松,我从来不相信演讲还需要准备!准备有什么用,准备会破坏整个演说的美感,也坏了兴致。这种场合,我只是等着站起来的一瞬间让灵感来找我,我这样做,还从来没出现过什么闪失!"

这些殷切的话使布朗相信他会对自己作一番很好的介绍,以有利于自己演讲时的气氛。但是谁料,这个人站起来之后的讲话却完全出乎意料,布朗在他的一本书里回忆说:

各位先生,请安静下来听我说好吗?今晚有个坏消息要告诉大家,我们本想请艾萨克.F.马克松先生为我们演讲,遗憾的是,他病了,不能前来。(鼓掌)接着我们又想请参议员柏莱特基来为各位演讲……可是他太忙了。(鼓掌)最后我们只好请堪萨斯城的洛伊德·葛罗根博士前来给各位讲话,也不成。所以,我们只好由约翰·马森·布朗来替代。(鸦雀无声)

布朗先生回想起这场几近陷入灾祸的演讲时,只说了这样一句:"至少我的这位朋友,那位大灵感家,总算说对了我的名字。"

当然,你看得出,那个确信自己的灵感可以解决一切的人,就算他原本有意这样做,也不会比他现在搞得更糟了。他的介绍有违他对他要介绍的演说人的职责,也有愧于他对听众要尽的职责。其实他的职责并不多,但却很重要。令人惊讶的是,许多节目主持人都不明白这一点。

一、介绍辞

介绍辞具有与交际介绍一样的作用。它使演说人和听众相会在一起，为他们塑造友好的气氛，并在他们之间建立起沟通的桥梁。也许有人说，作为介绍人，"你不必说什么话，你只需介绍演讲人即可。"如果这样认为的话，你可就把事情看得太简单了。没有哪一种因素会比介绍词对演讲造成的人为破坏更大了。一些人的介绍辞之所以会对演讲造成如此大的伤害，可能就是因为许多准备与作介绍辞的主持人太忽视了它的功效的缘故。

"介绍辞"——从其词义来讲，它是由两个拉丁文词素，即"intro"（至内部）与"duce"（引领）构成的。意思是，引导我们深入内部，使我们想要听听有关它的更深的讨论。同时，它也应该引领我们前去见识演讲者的内在事实，去见识能显示他足够胜任探讨这一特别题目的事实。换句话说，介绍辞应能把题目"推销"给听众，亦应将演讲人"推销"给听众，而且应尽可能在最短时间内把这些事情做完、做好。

这就是介绍辞所应该达到的效果。可是所有人都做到了吗？没有，百分之八九十的人没有做到。多数人的介绍辞都既拙劣，又软弱空洞，简直让人不可原谅。若是你在为演讲人做介绍时，要明白自己责任的重大，并用正确的方式去做，他一定很快就会成为大家争相邀请的典礼嘉宾或主持人了。

以下是一些建议，可帮你准备一套结构完备的介绍辞。

第一，精心准备每一句话。

介绍辞通常都很短，大约在一分钟以内，很难表达。但你也要精心地准备每一句话。首先要做的，是了解情况。主要是三个方面：演讲人的姓名、个人资料，以及演讲主题。通常也可以加上第四个方面，那就是怎样介绍主题，能让听众特别感兴趣。

要知道事前必须对演讲主题核对正确，并且对演讲者怎样进行阐述有个大致了解。这样才能避免在介绍中出差错，甚至被演讲者提出：介绍的内容有违演讲者的本意。介绍人的职责就是正确地介绍演讲者和演讲主题，并向听众介绍主题的价值所在。例如，你可以直接找演讲者取得相关材料，或者从其他人那里得知，但必须在正式介绍前向演讲者本人求证。

也许你最需要准备的介绍辞是演讲者的相关资料。如果演讲者是世界知名人士，你可以查阅《名人录》之类的书籍；如果演讲者是地方上的官员或名人，你可以询问有关部门；如果方便，也可以去拜访他的家人或朋友。一般来说，和演讲者关系较近的人都会乐于提供准确的信息给你。

准备介绍辞时，要注意语言的简洁流畅。比如你已经介绍说到此人是博士，就不必再提他的学士、硕士学位。在介绍对方时，也只需说出他最近担任或者曾经担任的最高职务。要把对方最突出的成就作为重点来介绍，其他成就可略为带过或不必提及。

有一次，一位著名演讲家介绍爱尔兰诗人 W. B. 叶芝，当时叶芝准备朗诵自己的诗章，而且 3 年前，就获得了文学界的最高奖——诺贝尔文学奖。在场的听众大概有十分之九的人都不清楚诺贝尔奖的重要意义，那

么,这应该是介绍词中的重点才对。可是这位演讲家是怎么做的呢? 他一个字也没提,直接就去谈希腊神话和传统诗歌了,全然不顾自己介绍的主角是诗人叶芝。

还有一点尤为重要,那就是演讲者的姓名,你要反复确认,并且练习正确的发音。约翰·马森·布朗回忆说,自己曾被介绍为约翰·布朗·马森,以及约翰·史密斯·马瑟。加拿大的幽默文学家史蒂芬·理科克,写过一篇幽默短文《我们今晚在此相会》,里面提到了一次主持人对他的介绍:

我们所有人都热切地期盼着李·罗特先生的到来,我们早已拜读过他的大作,对他已像老朋友那般熟悉。我想告诉李·罗特先生,毫不夸张地说,本城的民众对他早已耳熟能详。现在,我非常荣幸地为大家介绍——尊敬的李·罗特先生。

介绍辞必须准确无误,在此基础上,还要尽量明确生动,以使得听众集中注意力并对演讲者充满兴趣。大多数主持人没有事前准备,在介绍时往往使用模糊而套路化的语句:

这位演讲者闻名天下,是公认的——他从遥远的——赶来,是——方面的专家,我相信大家一定非常期待他对——问题的独特看法。现在,我非常荣幸地向诸位介绍——让我看一看,嗯,对了,正是——布兰克先生。

实际上,你只需花上一点点时间去准备,就不会发生这样难堪的情形。

第二,"题目——重点——讲者"三部曲。

对大多数介绍者而言,按照"题目——重点——讲者"去做准备,可以帮助你成功地完成大部分介绍词。

"题目"指的是说出演讲的正确主题,然后有针对性地稍加介绍。

"重点"就是介绍辞中的重要部分,这里要注重引起听众对演讲的兴趣。

"讲者"就是指演讲者。介绍演讲者的杰出成就,特别是和他所做演讲的主题有密切关系的资历。之后,准确清楚地告诉听众演讲者的姓名。

以这三步为基础,再充分发挥你出色的口才。

这里有一个例子,介绍辞不要被削减得索然无味。纽约市有位编辑荷姆·森,他曾将纽约电话公司主管乔治·维博姆介绍给许多新闻记者,这就是一次完美地将三部曲融会贯通的介绍:

演讲者的题目是《电话为你服务》。

在我看来,世界上有无数奇妙的事情,比如爱情,比如赌徒难以割舍的赌瘾,再比如,在打电话时遇到的意想不到的事情。

为什么给你转错了号码?为什么你从纽约给芝加哥打电话,却比从家里打到隔了一座山的地方还要快捷?这位演讲者可以告诉你为什么,他还能告诉你所有和电话相关的事情。他这20年的工作内容,就是将关于电话的所有问题整理总结,让更多的人了解电话行业。他因为工作勤勉,而获升为电话公司主管。

他今天想要对我们说的是,他的电话公司对我们提供的服务。要是各位对电话服务非常满意,那就把他看做是为我们提供便利的人,要是你对电话服务有些不满,那就请他对此解释和辩护。

各位女士、先生们,今天演讲的嘉宾就是纽约电话公司的主管——乔治·维博姆先生!

荷姆·森巧妙地让听众联想到电话,他所提出的问题,引发了听众的好奇心,接着,他表明了演讲的主要内容以及听众可能提出的问题。

我相信,荷姆·森并没有将介绍辞预先写好并背诵下来,因为整体介绍辞如讲话那般流畅自然。介绍辞也是一种演讲,当然也要遵循我们在前面提到的准则:不要通篇背诵。

一位会议主持人在介绍柯妮莉雅·奥蒂斯·史金纳的时候,突然忘记了预先备好的介绍辞,在深深吸气之后,他灵光一闪,介绍说:"由于博德将军演讲要价太高,因此我们今晚请的是柯妮莉雅·奥蒂斯·史金纳。"最简单的介绍方式莫过于直接说出演讲者的名字,或者说:"接下来,我要介绍的是——"然后说出他的姓名。

一些主持人的介绍辞太长,听众难免有些不耐烦,有的介绍人把自己当做重要主角,在演讲者和听众面前拼命表现自己的想法和口才。有的主持人随便扯出些粗俗的小笑话,还自以为很幽默,还有一些介绍人过于吹捧或贬低演讲者的身份或职业。当你发表介绍辞时,应注意避免犯这些错误。

这是另一个例子,埃格. L. 施纳蒂在介绍著名科普学者杰罗德·温特时,既运用了三部曲的原则,又显露出自己的个性风格:

演讲者的题目听起来很严肃,叫做《今日世界的科学》。这使我想起一个故事,有一位心理有问题的人坚持说自己肚子里面有一只猫,医生一直不能扭转他的想法,就想了一个主意,说为他做手术把猫取出来。给他打了麻药后,医生并没有做手术,而是找来了一只黑猫,在他醒来后,告诉他这就是他肚子里的猫,没想到他却反对说:"医生,你一定弄错了,我肚子里的那只猫是灰色的。"

同样的是现在的科学研究。你本来打算找到一只叫做 U－235 的猫,可是,却找到了一群叫做 U－233 或者别的名字的猫。我们逐一战胜了它们,就好像对付芝加哥的寒冬那样成功。古代那位精通炼金术被称为第一位核能科学家的先生,曾经向上帝祈祷再给他一天的时间,让他探知宇宙的奥秘。可是,我们今日的科学家,却完成了宇宙间不可完成的奥秘。

今天我们请到的演讲者,是一位对现代科学的发展和前景有深刻的认识的人。他曾做过芝加哥大学的化学教授,宾夕法尼亚州立大学的校长,先后在俄亥俄州和哥伦比亚的巴德尔工业研究院担任院长。他还是政府特聘的科学家,同时还是一位著名编辑、作家。他出生于爱荷华州的戴温勃地区,在哈佛大学获得学位,曾在军工厂工作过,还走遍了欧洲各地。

这位演讲者编写了许多专业学科的教科书,在他担任纽约"世界博览会"科技部负责人时,出版发行了他最有名的一本著作——《未来世界的科学》。他还是《时代》、《生活》、《财富》和《局势》等著名杂志的特邀科学顾问。也正因如此,人们常常会读到他撰写的科技文章。他在 1945 年,广岛被原子弹轰炸的 10 天之后,就写出了《原子时代》一书。在此我借用演讲者本人经常说的一句话："最好的终究会来到"自豪地向大家介绍这位极受欢迎的学者——《科学画报》的编辑主任,杰罗德·温特博士。

对演讲者适当地夸赞,会引发听众的关注和尊敬之情。但你要谨记过犹不及的道理,过分的赞誉和炫耀之词不但令听众萌生反感,更会令演讲者本人陷入尴尬之中。

汤姆·克林斯以演讲幽默而著称,他曾对《主持人手册》的作者赫伯·普洛西奥说起自己的感触："在演讲者想达到幽默有趣的效果时,千万不要一开始就对听众们信誓旦旦地保证,一定会让他们笑破肚皮,那这次演讲一定彻底玩完。要是主持人在介绍时大肆吹嘘你是什么威尔·罗杰斯第二时,那你干脆直接回家得了,因为你已经把自己给毁了。"

过度的赞誉不可取,但也不可随意贬低演讲者的身份。史蒂芬·理科克就有过这样别扭的经历,一位主持人这样介绍他:

这场演讲是本年度冬季系列的第一场。诸位大概都知道,之前的几场演讲反响都不太好。我们实际上非常困难,几乎负债才勉强完成上一系列演讲安排。因此,今年我们重新排定了计划,尝试邀请价格较为便宜的演讲家。现在,我给大家介绍今晚的演讲者理科克先生。

理科克无奈地说:"如果是你,在站到台上面对听众时,身上贴着'价格便宜'的售卖标签,不知你会作何感想?"

第三,保持高度的热情。

介绍演讲者时,态度和介绍辞同样重要。你应该尽量友善,不用表现得自己有多高兴,只要在介绍时表现出真心的愉快就可以了。若能逐步酝酿,在即将结束、达到高潮的时候宣布演讲人的名字,听众的期待也就随之增加,并报以更热烈的掌声。听众的这种友好表示,也有助于刺激演讲人全力以赴。

当你宣布演讲者的姓名时,最好记住这些技巧——"稍停"、"分隔"和"力量"。"稍停"的意思是,在说出演讲人的名字之前给出一小会儿的沉默,直到听众的期待达到极限;"分隔"的意思是,在名字和姓氏之间稍停以示分开。让听众对演讲人的姓名有清楚的印象；"力量"的意思是，最后报出名字的时候应该说得高亢有力。

还有一件事要提出警告：当你宣布演讲者的名字时，请你不要转身面向他，该注视听众，直到最后一个音节说出后，再转向演讲人。

还有一件事要提出警告：当你宣布演讲者的名字时，请你不要转身面向他，该注视听众，直到最后一个音节说出后，再转向演讲人。因为他们转身面向演讲者，只为演讲者一个人宣布他自己的名字，留给听众的则是一片茫然。

第四，真心诚意。

务必要真诚，不可予以贬抑的评论或鄙俗的幽默。不认真的介绍常会被听众误解。要真心诚意，因为你当时所处的社交情况，需要最高度的技巧和策略。你可能与演讲人非常熟识，但听众可不一定，你的一些言语虽然没有恶意，却可能引来误解。

第五，要用礼貌用语。

在人际沟通中必须遵循礼貌、合作的交际原则。介绍语要文雅、有礼，切忌随便、粗俗。例如，"我给各位介绍一下：这小子是我的铁哥们儿，开小车的，我们管他叫'黑蛋'。"这段介绍中"小子"、"铁哥们儿"、"开小车的"、"黑蛋"这类词语显然与社交场合格格不入，太粗俗、不文雅，又把绰号当大名来介绍更显随便，不严肃。此外，介绍语常用一些敬辞、客套话、赞美语作为其表述语，在实践中应规范使用。如"我非常荣幸地向各位介绍 XXX"，"我们有幸请来了大名鼎鼎的 X X X"，"能聆听他的讲话我们感到由衷的高兴"等。这些介绍语中的"荣幸"、"有幸"、"由衷"等都是敬辞，"大名鼎鼎"、"请"是客套语。这类典雅的语言再加之优雅得体的体态语就更显魅力了。介绍时一般起立，面带微笑，伸出一手，掌心向上，边说边示意。

二、颁奖辞

"我们已经证实，人类心灵最深挚的渴望是要求认可，要求荣誉。"作家玛格丽特·威尔森表达了全宇宙的感觉。我们都想一生与人和睦相处，受人称赞，别人的推荐，哪怕仅是一个字，更别说在正式场合里接受人家赠奖，也能使我们的精神神奇般的亢奋起来。

网球明星爱尔西亚·吉布森，就把这份"人类心灵的渴望"极其恰当地用在了自传的书名里。她称它为"我要做重要人物"。

颁奖辞是对接受者重新保证，他真是"重要人物"，他的某项努力已经成功，他应该得到赞誉，我们聚在这里为的就是给他这份荣耀。我们的颁奖辞应该简短，但却应经过仔细思考，对经常接受荣誉的人来说，这或许意义不大，可是对那些没那么幸运的人来说，却可能终生记忆鲜明了。

因此，我们在介绍这样的荣誉时，应慎选词语。这里有一套灵验的公式：

第一，说明为什么颁奖。是因为长时间的服务，或比赛获胜，还是因为某一重要成就。说明这个即可。

第二，讲述得奖人的生活和事迹，这是听众感兴趣的事。

第三，讲述这个奖多么应该颁给领奖人。

第四，恭贺得奖人，并转达大家对他前途的衷心祝福。

这场小小的演讲中，没有什么比真诚更重要了，不用细说，人人也都了解这一点。所以，如果是你为获奖者颁奖，你就已经像那位获奖者一样荣耀了，因为你的朋友们知道，将这份需要心思与头脑的任务托付给你，你是不会去犯某些演讲家所犯的那些夸大其词的过失的。

像这样的一个时刻,最容易犯言过其实地夸大某人的优点的错误了。如果确实值得颁奖,就应该实说,不必添油加醋。胡吹乱捧地折磨获奖者,这更说服不了心里明镜似的听众。

我们也应该避免夸大奖品本身的重要性,不要强调它的价值,而应该强调赠奖人的友善心境。

三、答谢辞

答谢辞应该比颁奖辞更短,当然,那不该是我们背下来的东西,不过心理先有准备比较好。假如事前预知自己要领奖,那么听了人家的颁奖辞,应不至于茫然无措、无以应答了。

只是含糊地说些"感谢各位","一生中最重要的日子"或者"我曾经历的最美好的事情"等,不能算好。这和颁奖辞一样,有夸张的嫌疑。"最大的日子"和"最美好的事情",涵盖太广,中庸温和的语调更适合表达自己的感激之情。建议你试一下:

第一,对听众说"谢谢各位"时,要真心诚意。

第二,把功劳给那些曾帮助过你的人——你的同事、你的雇主、朋友或家人。

第三,叙说奖品或奖状对你的意义。若是包着的,就打开它,展示一下。告诉听众奖品多么美丽,你将如何使用它。

第四,再度真诚地表示感激,然后结束。

第二十一章

21

充分动用自己学习的演讲技巧

想想那种自恃、自信和闲适的神态都是属于你的，想想那种吸引注意、震动情感与说服别人去行动的胜利感，你会发现，自我表达能力的提高给你的自信心以及对你的整个人生带来多么惊人的变化。

——卡耐基　《演讲的艺术》

洛克菲勒曾经说过："想在商业领域获得成功,第一要诀就是耐心与信心。"演讲和有效与人交流也是如此。

有很多人有意识地充分动用自己学习演讲的技巧,结果发生了惊人的变化。推销员们说自己的销售业绩大大提高了,经理们则表示公司业务蒸蒸日上,主管们的管理协调能力强大得多了……

在《今日语言》杂志上,N. 理查. 狄勒曾这样写道："说话、说话的形态、说话的次数以及说话的气氛……是商业沟通系统中的生命血脉。"

R.弗莱德.康纳德,通用汽车公司戴尔·卡耐基课程培训的负责人,在同一本杂志中也曾经这样写道："我们之所以保持如此高的热情在公司从事语言训练,原因在于,我们了解每位管理者或多或少都可算得上是一名老师。从招聘一名员工开始,经过初期的训练,再经过正规的任务分配和工作调整,管理者需要不断地解释、描述、申斥、说明、指示、批评,和上级以及自己部门中的每个人讨论无数的事情。"

思想的组织和表达、正确的遣词造句、演讲时的热情和赤诚,这些都能保证思想在最后的阶段得到完美的表达。这需要语言表达技巧的应用。

即使你从来没有计划做一场公开演讲,但你会发现这些技巧,可以应用于日常生活中。

如果对自己每天所说的话进行分析,你会惊讶地发现,自己的日常说话与本书中讨论的正式沟通之间十分相似。

在当众说话时,我们心里应该想着四种说话目的中的一种,即究竟是要提供消息、取悦听众、说服听众赞同自己的观点,还是游说他们采取某种行动。在公开演讲时,应该努力使目的变得清楚分明,无论在演讲内容还是演讲的态度方面。

日常生活中讲话,这些目的常常游移不定,一日数易,彼此相互融合。刚才也许是与朋友纵情闲聊,突然间鼓起三寸不烂之舌,竭力推销某项产品,过了几秒钟,话题又转到劝告孩子要将零用钱存到银行里去了。这种情形十分普遍,如果把演讲中的技巧应用到日常生活中,就能更有效地说明自己的意图,成功地说服和激励他人,充分达到自己的目的。

第一,在日常生活中加以运用。

不妨在演讲时加入一些细节,这样可使意念生动形象地展现在眼前。这种技巧不仅在当众演讲中很有效,而且在日常交流中也十分重要。想一想自己熟知的那些幽默家,他们是不是都具备有效使用形象语言的本领? 是不是在谈话过程中加入了许多五彩缤纷、富有戏剧性的细节呢?

在培养说话技巧以前,必须有充分的自信心,自信心能给你一种安全感,使你勇于和他人相处,并在非正式的社交场合自由地发表自己的看法。一旦你对表达自己的思想充满了激情,即使在很小的场合,也会努力搜寻自己的经验作为谈资。这样一来,奇迹就发生了——视野变得更加开阔,并且对自己的生命有了新的一层意义。

家庭主妇们的兴趣往往局限于狭小的大地里,她们一旦在小的社交圈子里用上了谈话的技巧之后,往往会兴奋地汇报自己的新体验。“我发

现自己重新获得了信心,它使我有足够的勇气在社交场合站起来发言。"哈特太太在辛辛那提演讲训练班里这样对同学说,"我开始对时事产生了浓厚的兴趣,不再对参加聚会胆怯。我的许多人生体验都成为谈话的材料。我发现自己开始对许多新的社会活动产生浓厚的兴趣。"

哈特太太的体验对于一位从事语言和交流训练的教育家而言已司空见惯。"学习"和"运用所学"的动力一旦受到刺激,就会开始一连串的行动与交互作用,使人的个性变得活泼开朗起来,并且进入一种良性循环。如同哈特太太所言,只要将本书里的一项原则付诸实施,就能给人带来莫大的充实感。

我们中大多数人都不是授业解惑的老师,但是却时时刻刻要用言语来表达自己的思想,譬如父母教训子女,园艺师教授他人修剪玫瑰的新方法,观光客们就最佳的旅行路线彼此交换意见,等等。在种种说话的场合,人们需要清晰、连贯地思考,需要强劲有力的表达方式,需要一些表达技巧。

第二,将谈话的技巧运用到工作中。

在工作中,我们也无时无刻不需要沟通。不论你是销售员、经理、营业员、组织领导人、牧师、医生、护士、教师、律师、会计师还是工程师等,都需要将所处专业范畴的知识解释给他人,并予以指导。而上司拿来衡量我们是否有能力的标准之一,就是我们能否做出清楚、明确的解说。多做以"说明、解释"为目标的演讲练习,可以锻炼你的灵敏度和反应能力。

第三,主动在人前说话。

你还应该主动找寻可以当众说话的机会,怎样做呢?比如参加一个俱乐部,做一名积极活跃的会员,每当有活动时,不要躲在一边只是观望,多参与活动或是做些协助工作。这或许就需要不停地和别人打交道,提出要求或者沟通想法。如果当活动的主持人,你可能就有机会接触邀请的嘉宾,也许就要准备在活动中说一番介绍辞呢。

就从现在开始,参照我们所提出的建议,多做20分钟到30分钟的演讲练习。让俱乐部里的伙伴们知道你想要演讲。一些志愿者基金会会找志愿者为他们做宣传工作，而且他们也会传授你一些演讲的技巧，这也会对你有一定的帮助。有不少著名的演讲家就是这样磨炼出来的，还有一些取得了惊人的成绩。

第四，坚持不懈就一定能获得成功。

不论我们学习任何新事物，法语、高尔夫球或者是说话的技巧，都不会一帆风顺地进步下去，总是有些起伏，就像波浪一样，不太稳定，可能会在一段时间内停滞不前，甚至还会下滑，甚至把已经掌握的东西也忘得一干二净。心理学家对于这种停滞或衰退的现象早有说法，称之为"学习曲线上的高原区"。有些培训班的学员，会在所谓的高原区一待就好几个星期，不管怎样使劲努力，还是不能向前进。一些意志不坚定的人就此放弃了，顽强的人却坚持下来。令他们惊奇的是，不过转眼之间，找不到任何原因，他们可以前进了，而且速度惊人，就如同飞机一下腾空飞起，自己在演讲时变得自然、有张力，且信心十足。

我们曾经说过，一开始面对听众时，你难免会紧张甚至害怕，就连公开演出无数次的大师们都不能完全摆脱这样的情绪。帕德烈夫斯基每次坐到钢琴前，都会下意识地摆弄袖扣，等他把双手放到琴键上开始演奏时，他的紧张和不安就犹如夏天灿烂阳光中消散的迷雾，再也看不到一丝痕迹。

你可以从中得到启示，如果你坚持不懈，很快也就会抛开一切不安和紧张。恐惧心理也就留在了演讲初期，当说完开场白后，你的自信和勇气就会催促你轻松而愉快地讲下去。

有一次，一位希望学习法律的年轻人写信向林肯求教。林肯回答他说："如果你已下定决心想成为一名律师，事情已成功了一半……但你要时刻记住，相信自己必胜的决心，比任何事情都重要。"

林肯是过来人，深深知道这个道理。他一生受过的正规教育，总共不超过一年时间。至于书本，林肯有一次说，他曾步行到 50 里以外去借书读，在他的小木屋里，柴火总是燃烧到天亮，他通常是就着火光来勤奋读书的。小木屋的木头间有裂缝，林肯常常将书塞在那里，清晨天一亮，就一骨碌从树叶床上爬起来,揉着眼睛,取出书开始如狼似虎地读起来。

有时候,林肯会走上二三十里路去听人演讲,回到家里,他就到处练习演讲——在田间,在树林里,在杂货店聚集的人群前,他加入新沙龙和春田镇的辩论学会,讨论当时的种种时政问题。但是他却在女性面前表现得很害羞,当他追求玛丽·陶德时,总是坐在走廊上一句话也不说,静静地看着她一个人表演。然而就是这个人,穷读不休,勤练不辍,努力将自己塑造成一名演讲家,进而与当时最杰出的雄辩家道格拉斯参议员大开辩论,一决雌雄,也就是这个人,在葛底斯堡,在第二次总统就职演讲中将他的演讲发挥到了极致。

想想自己曾经历过的种种艰难挫折和令人心酸的奋斗历程,与林肯相比,不过是九牛一毛,但林肯却说:"如果你已下定决心想成为一名律师,事情已成功了一半……"

白宫总统办公室墙上悬挂着一幅林肯的画像。"每当我要做出决定时……"西奥多·罗斯福总统说,"尤其是那些复杂的一时难以处理的事情,譬如一些利益相冲突的事情,我会抬头看着林肯,假想他在相同的情况之下会采取什么行动。这听来也许很荒唐,但却是千真万确的,这样做使我的问题变得容易解决多了。"

为什么不试试罗斯福的方法呢？如果你消沉沮丧，想放弃成为一名成功的演讲者的努力，为什么不问问自己，他在这样的情形下会怎么办？你是知道他会怎么做的。在竞选参议院席位败于史蒂芬·道格拉斯之手以后，他依然殷切地告诫自己的拥护者们，不可以"在一百次挫折之后即告放弃"。

第五，满怀希望等待收获。

我多么希望你能每天清晨在早餐桌上打开这本书，直到你把威廉·詹姆斯教授的这番话牢记在心：

愿青年人不要为自己学习的结果忧虑，不论它的界线在哪里。如果他在每一个工作日的每一个小时都忠实地忙碌着，就大可把最终的结果留给自己去处理。他可以十足自信地期待着某一个美好的清晨醒来后，发现自己已经是当代一个很有才能的人，不论他选择追求的是什么。

现在，有著名的詹姆斯教授做后盾，我要告诉你，只要你不断地、聪明地练习下去，你也可以满怀信心地希望，一个美好的清晨醒来时，发现自己已经是城里或社区里出类拔萃的演说家了。

不管这话听起来多么不真实，它确是一条正确的法则。当然，例外是有的。如果一个人的心性与个性极度自卑，加上没有题材可谈论，自然不能妄想自己有朝一日会成为当今的丹尼尔·韦伯斯特。但是一般来说，这个断言是正确的。

有一次，前新泽西州州长斯多克参加卡耐基口才培训班的一个结业晚宴。他发表感言说，他当晚听到的演说，跟他在华盛顿的参、众两院听到的演讲一样好。这些"演说"者，在数月前还是一些舌头打结、害怕听众的商人。他们可是新泽西的商人，叫不是古代的西塞罗，他们的身影在美国任何城市中都能见到。可是在一个美好的清晨醒来后，他们发现自己已经跻身为城里的大演说家行列，有的甚至已经在全美国闻名！

数以千计的人们都曾竭尽全力想获得自信、能够在众人面前说话。那些成功的人中，只有几个是天才，大部分人都是在自己家乡小镇随处可见的普通商人，只是他们愿意坚持。倒是有些人，可能会气馁，可能因为过分专注于赚钱结果碌碌无为。虽然是寻常人士，只要有胆量、有目标，走到路的尽头时，往往也爬到了峰顶。

这是合乎人性与自然的。不论在商业还是在其他行业，这种事情随时都在发生，老约翰.D.洛克菲勒曾说，商业成功的第一要诀是耐心与了解，一定会有收获。它同样也是演讲能够成功的必要条件之一。

演讲大师卡耐基曾讲了这样一件事：

几个夏天以前，我在奥地利境内的阿尔卑斯山区里，攀登一处叫韦尔德·凯瑟的山峰。《贝的克旅行指南》里说，攀登该峰非常困难，业余爬山者需要有向导引路。我和朋友两人没雇向导，而我们是业余登山运动员没错。因此有人问我们，我们是否相信能成功？"当然!"我们回答。

"你们为什么这样认为呢？"他问。

"有的人没请向导也成功了。"我说，"因此即使没有向导指引也可以登上峰顶的，而且我做事的时候，从不想到失败。"

这是做任何事情都应该抱有的正确心态，从演说到征服珠穆朗玛峰，无一不是如此。

你成功的程度跟你演讲前所做的努力有莫大的关系。不妨假想自己以绝对的控制力向别人讲话。

这是你能力之内很容易做到的事。相信自己会成功，坚定地相信，这样你就会为了成功不惜一切努力。

美国内战时期，海军上将都庞列举了一大串有理有据的理由来为自己辩解没能率领战舰开入查尔斯港的原因。法拉格上将专注地听他讲述。"可是还有一个理由你还没有提到。"他说。

"什么理由？"都庞上将问。

他回答说："你不相信自己能够做得到。"

第六，充满热情。

爱默生这样写道："无热诚即无伟大。"这是一张通往成功的地图。

威廉·莱昂·费尔应该是耶鲁大学有史以来教书的教授中，最受尊敬和欢迎的一位了。他在《教书热》里说道："对我来说，教书比艺术或其他职业更有吸引力。它是一种狂热。我就爱教书，就像画家爱画，歌手爱唱，诗人爱写一样。早晨起床之前，我总是热烈快活地想着我的每一位学生。"

老师对自己的职业充满热情，对面前的工作满腔兴奋，他能成功，又有什么可奇怪的。费尔教授之所以能对学生产生巨大影响力，大半是因为他在教学里加入了关爱、赤诚与热情。

如果能将热情加入有效演讲的学习中，你会发现所有的障碍全都消失不见了。这是一项挑战，要你集中所有心智和力量，放在与自己同类的弟兄有效沟通的目标上。想想那种自恃、自信和闲适的神态都是属于你的，想想那种吸引注意、震动情感与说服群众去行动的胜利感，你会发现，自我表达的能力也能培养其他方面的能力，因为有效说话训练是一条阳光大道，能增强通往各行各业与各种生活必需的自信心。

在卡耐基课程的教学手册里，有这样一段话：

当学生们发现自己能够抓住听众的注意，得到老师的赞美与同学们的掌声——当他们能够做到这些时，他们就已经培养了一种力量，培养了勇气并学会了沉思，这是他们从未经历过的。结果怎么样？他们开始去从事并且完成更多自己以前想都不敢想的事情。他们发现自己渴望在众人面前讲话，他们成为商业和各行业与社区活动里的最活跃的人，最后更成了领导人物。

清晰、有力、强劲的表达，正是社会中领导人的标记之一。这种表达支配着领导人。不管是私人访问，还是公开宣告，只要你能善用一些演讲的技巧，就一定能使你在家庭、教会团体、民间组织、公司和政府机关中谈话自如、踌躇满志。

第七，训练记忆力。

著名的心理学教授卡尔·希休曾说："因为人们没有掌握正确的记忆法则，因此大部分人只使用了人类实际记忆能力的10%，另外90%都被荒废了。"假如你也是大部分人中的一员，你一定正被社交和事业上的难题所困扰。进行一些有益的训练，你会大获裨益。

可以令人类增强记忆的天然法则并不繁琐，可简单地划分为 3 部分：加深印象、不断重复、善于联想。无论何种记忆方式都是以此为基础演变而来。

要对你准备记忆的事物留下深刻的印象，首要是专注于此。凡是见过罗斯福的人都对他超强的记忆力非常惊讶。他对事物的印象仿佛是烙刻在铁板上一样，即便是在极度混乱复杂的环境里，他也能集中注意力，这是他通过长期顽强的训练才得来的。

1912 年，芝加哥党派大会期间，大批群众涌向罗斯福下榻的国会饭店。人们在饭店前的街道上挥舞着国旗，齐声高呼："我们需要泰迪（罗斯福）！我们需要泰迪！"不断有政界人士前来拜访他，不断要召开临时会议和参加活动，纷杂混乱的环境让所有人心慌意乱。可罗斯福依然从容淡定地坐在房间里，阅读古希腊历史学家希罗多德的著作。

罗斯福在巴西野外旅行时，每天傍晚抵达营地后，都会找一棵大树，在树

下干爽的地方摆上小椅子,开始阅读随身携带的《罗马帝国兴衰录》,作者是英国历史学家吉本。用不了几分钟,他就沉浸到书的内容中了,营地的各种声音、哗啦啦的雨声以及雨林动物的声响对他而言,似乎都不复存在。

亨利·华德·彼裘曾说:"认真努力的一个小时,远胜过糊里糊涂的漫长岁月。"哪怕你只有5分钟的时间集中精神,其作用也远胜于心不在焉的几天。年收入在百万美元的贝泰钢铁公司老板基尼·格瑞斯表示:"对我一生帮助最大,也是我会坚持不渝执行的经验就是,每天都集中精力做好当前的工作。"

第二十二章

22

借自嘲摆脱窘境

当令人难堪的事实已经发生，运用自嘲，能使你的自尊心通过自我排解的方式受到保护，并且还能体现出你大度的胸怀。

——卡耐基 《演讲的艺术》

邦斯太太时常参加一个家庭主妇的聚会活动，参加聚会的是整个街区的形形色色的主妇，大家在聚会上交流各自的持家之道。不知出于何种原因，詹姆斯太太总是给邦斯太太难堪。

大家知道吗，邦斯太太从不害怕灰尘……

这一次，詹姆斯太太竟当着众人的面大声说："大家知道吗，邦斯太太从不害怕灰尘，灰尘是她的生活伴侣。我去她家做客时几乎灰尘过敏了……"

虽然邦斯太太确实并非一位勤劳的主妇，但是情况也决不像詹姆斯太太说得那么糟糕。况且，对于这样的当众评价，没有人会不感到恼火。不过邦斯太太压住了怒火，微笑着说道："是啊，说不定我真的是世界上最糟糕的主妇呢。我每年要报警一次，为的是让警察进来取指纹以便帮我打扫一下灰尘。"在场的主妇们听了她的话都哈哈大笑。

邦斯太太的这句话带给听者这样的感觉：詹姆斯太太的话不过是开玩笑而已，并且这真的很有趣。实际情况不会是那么糟糕的。

主妇们都觉得邦斯太太是个"很有趣"的人，认为她是值得交往的人。有些人还希望到她家里做客，因为她们觉得她可不是那种对人刻薄的人，在她家里一定轻松而自在。

邦斯太太用自嘲化解了同伴的嘲讽，也给别人留下了好印象。

无论是工作还是生活，都难免会遇到一些令人尴尬的事情，这就需要你有随机应变的本领。那么，如何做到机智应变呢？你不妨采用自嘲的方式。因为自嘲在交谈中具有特殊的表达功能和使用价值。

自嘲，即自我嘲弄。然而，醉翁之意不在酒，自嘲表面上是嘲弄自己，而背后的潜台词却别有韵味。

在与人交谈时，当对方有意无意地触犯了你，使你处于尴尬境地时，借助自嘲摆脱窘境，是你恰当的一种选择。

适当地运用自嘲，还能使你的自尊心通过自我排解的方式得到保护，同时还能体现出你大度的胸怀。

当别人有求于你时，你想拒绝，又不想伤害对方，可以运用自嘲的方式，既能表达自己的拒绝意图，又能使对方乐于接受。

有一次，美国一家报纸的编辑部为了制造声势，邀请林肯出席他们报纸的编辑大会。但是林肯觉得自己不适合出席这次会议，因为身份不符。

于是林肯采取了自嘲的方式，他给报纸编辑部的人讲了这样一件事情：有一次，他在树林中遇到了一个骑马的妇女。他停下来让路，可是她也停了下来，目不转睛地盯着他的面孔看。

那位妇女说："我现在才相信林肯是我见到过的最丑的人。"

林肯对她说："你说对了，说得对极了，但是又能有什么办法呢？"

但那位妇女说："当然你生来就是这副丑相是没有办法改变的，但你还是可以待在家里不要出来嘛！"

大家听完了之后，不禁哑然失笑，同时也领会了林肯讲话的意图。

在演讲中，假如遇到了意外情况，不妨采取自嘲的方式缓解一下紧张尴尬的气氛。但是自嘲要避免采取玩世不恭的态度，更不能贬低自己。积极的自嘲，包含着自嘲者强烈的自尊、自爱。自嘲是所采取的一种貌似消极、实为积极的促使交谈向好的方向转化的手段。

自嘲就是"自我开炮"，被称为幽默的最高境界，就是讲述关于你自己的笑话，你讲述关于你自己的笑话，听者不会反对，恰到好处的表达还会拉近你与听者之间的距离。

　　戏剧大师卓别林说:"要得到真正的笑声,你必须学会忍受痛苦并把它玩弄于股掌之间。"当然,自嘲并不需要你忍受痛苦,而是反映你快乐的心境和你的自信心。自如地使用自嘲的方式,需要你有广博的知识,豁达、乐观、超脱、调侃的心态和胸怀。可想而知,自以为是、斤斤计较、尖酸刻薄的人是难以运用这个技巧的。

　　在演讲里,用诙谐的语言巧妙地表达自己的观点,使听众感到亲切,缩短与听众间的距离是每个演讲者追求的目标。为了实现这个目标,小小地自嘲一番,既不失自己的尊严和体面,又赢得了听者的好感,何乐而不为呢?

第二十三章

23

周全的准备

> 一个头脑清醒的人，不会毫无计划地建造房屋，这是人人都懂的道理。当一个人对演讲毫无准备甚至不清楚自己要谈什么主题的时候，他怎么能够进行成功的演讲呢？
>
> ——卡耐基 《演讲的艺术》

没有什么人是真正不能拥有卓越口才的，也没有什么人是真正不善于当众说话的。然而，确实有许多人无法在众人的面前顺利开口，原因其实只是他们内心的恐惧。事实上，即使是职业演说家也不可能彻底克服当众演讲的恐惧感，说话前充分而周全的准备是获得当众说话自信最有力的保障。对于成竹在胸的演讲者来说，没有什么是值得害怕的。

1912年以来，因为职业需要，卡耐基先生每年都要对5000多次演讲进行评鉴。这些演讲者使他认识到：只有准备充分的演讲者才能有完全的自信。试着想想，如果一个人上战场带的是不能用的武器，身上没有半点儿弹药，还谈什么攻克恐惧的堡垒呢？美国总统林肯说："我相信，我若是无话可说时，就算年纪一大把、经验一大堆，也免不了要为此难为情的。"

要想拥有出色的演讲，事先必须有充分的准备。只有准备充分的演讲者才有完全的自信，才能获得成功。

林肯说："即使年纪一大把，经验一大堆，如果无话可说，也免不了要为此难为情。"

丹尼尔·韦伯德也说："如果没有准备就出现在听众面前，这和裸体没什么两样。"

在演讲之前，必须做好周全的准备。许多演讲的计划与安排，所花费的时间，并不会比煮一碗爱尔兰炖菜多。

拿破仑说："战争艺术是门科学，未经计划、思考，休想成功。"这句话，值得漆成鲜红的一尺高的大字，悬挂在地球上所有演讲课的课堂门口。

初学演讲的人，很少想到去计划。事先的计划需要时间和思索，更需要有坚强的毅力。用大脑思考问题是一个痛苦的过程。发明大王爱迪生在他工厂的大墙上，抄下了雷洛特爵士的一段名言："成功之道，只有用心思考，才是捷径。"

可是，没有经验的人，经常依赖的是他自己所谓的灵感，结果发现"误入歧途，并且路上充满诱惑与陷阱"。

已故的洛斯克利弗爵士曾说,法国哲学家帕斯卡说过的一句话对他的成功最有影响,这句话是:"领先计划就能领先。"正是这句话,帮助他从一个周薪微薄的小职员做起,一路努力而成为大英帝国最富有、最具影响力的报业老板。帕斯卡的这句话,完全可以放在我们的书桌上,成为我们的座右铭。

当你准备演讲的时候,你要预先计划好演讲方式。这时听众的头脑还是空白一片,你的每一个字都能给他们留下深刻的印象。因为在演讲过后,就没有任何事情来左右听众了,所以一定要预先计划给听众留下什么样的印象。

所以说,准备演讲,就是把"你的"思想,"你的"念头,"你的"想法,"你的"原动力集合在一起。

如果你真正地拥有这些思想和原动力,白天它们总在你的脑海中,夜晚它们又会出现在你的睡梦中。你生命里时时刻刻都在感受着新的事物,收集着新的经验。准备就是回忆,选择思考最吸引你注意力的事物,然后加以修饰,使他们成为一个统一的整体,这个整体就是你思想的精华。这个准备并不是很困难,只要你对某一特定目标,稍予专心、注意及思考即可。你可以遵循以下这些步骤去准备演讲,获得听众热切的注意。

第一,限制题材。

演讲题目选好以后,接着就要确定自己题目所包含的范围,并且做到不越雷池一步;不要企图去讲一个包罗万象的话题,那是徒劳无益的。大部分的演讲之所以失败,都是由于范围涵盖太多的内容和论点,以至无法抓住观众的注意力而失败。因为人的注意力不可能一直跟随一连串单调的事实。倘若你的演讲听起来像世界年鉴,那你根本就不可能长久地抓住听众的注意力。

演讲往往都规定时间。在短短的不超过 5 分钟的演讲时间里,你只能期望说明一两点而已。即使是 30 分钟的时间,你要想讲完包含 4 个或 4 个以上重要概念的内容,成功的人也很少见到。

第二,发展预备力。

做浮光掠影，只作表面的演说，要比深力挖掘事实容易得多。

只是如果选择容易的路，听众便仅能获得很少的印象，甚至全无印象。题目缩小之后，下一步问自己一些问题，加深自己的了解，使自己准备充分，而能以权威的口吻来讲述自己选择的题目："我为何相信这个？在现实生活中，我何时见过这一点并证实无误？我确实想要证明什么？它到底是怎样发生的呢？"

像这一类的题目所需要的回答，可以提供你预备力。这种力量能使人们正襟危坐，分外留意。

一个高明的外科医生可以在10分钟之内教会一个普通人取出盲肠，可要教会他应对差错的方法，却需要花4年的时间。

演讲也是如此。必须周密准备，以应付各种变化。如：你可能要重复前一位演讲者的观点，而不得不改变自己的观点的重心，或在演讲后的讨论时间里，要针对听众更多关注的问题做出回答。

你若能尽快地选好题目，就能获得预备力。千万别拖至要讲前的一两天。如果很早决定好题目，你的下意识便能为你发挥作用。如每天工作后的零星时间里（驾车、等候公车、乘地铁等其他时间）你便可以深入探究题材，使要传达给听众的思想精炼化。

第三，尽量使用描述性的语言。

古希腊思想家亚里士多德曾称古传记为"懦弱思想的避难所"，真是一针见血地指明了人们写古传记常用许多意思不明确的概括性语言的方法。现代传记的写法则要举出具体的事实，语句要清晰、自然、明白。

老式传记的作者说，乔·杜伊有"穷苦但诚实的父母"。新式传记则说，乔·杜伊的父亲穷得买不起鞋套，所以下雪天只能用麻布袋把鞋子包起来，以保持两鞋的干燥和暖和。但是，尽管如此贫穷，他也从不在牛奶中加水，也不曾把生病的马当好马出售。试比较一下这两种说法，哪一种好呢？

几年前，有两人同时参加了纽约的一个口才培训班。一个是街区的一名流动小摊贩，他年轻时曾在英国海军待过，性格豪爽并且粗鲁。一个是一位哲学博士,任大学教授,他温文儒雅。可令人奇怪的是,在训练过程中,那位大学教授的演讲,却远远比不上这位流动摊贩的演讲更能吸引人。这是因为,这位流动摊贩一开口,就立即抓住问题的核心,内容很明确,而且具体、实在。再加上他那充沛的男子汉活力,以及新奇的词句,使他的演讲十分吸引人。而那位大学教授,正好相反。他用精美的词汇发言,台风温文儒雅,讲话条理清楚,但他唯一缺少了演讲的一个重要因素:具体化。他的讲话太不明确,太过空洞了,所以就不吸引人。

只有具体而且生动的语言,才具备吸引别人的能力。如,我们说马丁有时"既倔强又顽皮"。但如果我们说马丁承认,"他的老师经常打他的手心,有时在一个上午要打上 50 次之多",这样是不是更有趣,更好?"既倔强又顽皮"这样的字眼很难吸引听众的注意力,但如果说打了多少下,听起来就具体多了。

路道夫·佛烈其在《畅达的写信艺术》一书中写道:"只有故事才能真正畅达可读。"他接着以《读者文摘》和《时代》杂志为例印证他的观点。他分析指出在这两份雄踞畅销排行榜首位的杂志里,所有的文章都是纯粹的记叙,文章里都写满了奇闻轶事。演讲也一样,必须具有驾驭听众注意力的力量。没有人可以否认这一点。

如果你在演讲中总是谈观念问题,很可能令听众感到厌烦。如果你谈论的是人的问题,那么绝对可以吸引听众的注意力。

没有人会喜欢听人说教,要记住,要吸引听众的注意力,一定要让他们感到愉快和有趣。同时也要记住,世上最有趣的事情之一,莫过于精练雅致、妙语生辉的名人轶事。所以,请告诉他们你所认识的几个人的故事,告诉他们为何其中一个会成功,而另一个则失败,他们会很高兴去听。同时,他们或许还能因此例而影响一生。

诺曼·温瑟·彼尔牧师的布道,曾经通过收音机和电视机让无数人接受。他说自己在演讲中最爱举例子,以此来证明自己的观点。《演讲季刊》的编辑采访他时,他说使用真实的事例,是他所知道的最好的方法。这样不但能使观点清楚有趣,而且更具说服力。他为了证明一个论点,通

常都同时使用好几个事例。

　　演讲中加入富含人情味的故事，能引人入胜。演讲者应叙述少数重点，然后以具体的事例为引证。这样建构演讲的方法，一定会吸引听众的注意。

　　当我们在演讲时，如果只注意自己能够得到多少注目，能不能享受热烈的掌声，那你永远不会是一个成功的演讲者。因为，演讲的真正目的，并不是让演讲者感到有成就感，而是让所有的听众觉得自己受益良多。

第二十四章

24

赋予演讲生命力

生命力、活力、热情是讲演者必须具备的条件。

听众的情绪完全受讲演者左右。

——卡耐基 《演讲的艺术》

有位波士顿的律师，得天独厚，仪表出众，说话畅达，但是他讲演完之后，人们都说："好个精明的家伙。"因为他给人一种虚浮的表面印象。在他满口华丽的辞藻后面，仿佛没有一点真情。而一个保险公司的职员扎伊尔品，个子很小，毫不起眼，说话不时地停下来思索接下来该说什么，可是当他说话时，没有人会怀疑他不是出于真心。

要想做精彩的讲演，维系听众的注意力，就要把你的热情和活力加入讲演中。

听众的情绪是演讲者自身情绪的反射，想让听众充满激情，首先要点燃自己对题目的狂热。

对自己的题目要有深切的感受，这一点很重要。除非对自己所选择的题目怀着特别偏爱的情感，否则就不要期望听众会相信你那一套话。道理很明显，如果你对选择的题目有实际接触与经验，对它充满热情——像某种嗜好或消遣的追求等；或者你对题目曾做过深思或有过深切的体会因而满心热诚，那么就不愁讲演时会不热心了。

马丁·路德·金（1929—1968）是著名的美国民权运动领袖，1964年度诺贝尔和平奖获得者，有金牧师之称。金在成为民权运动积极分子之前，是黑人社区必有的浸礼会的牧师。为黑人谋求平等，金发动了美国的

民权运动。1963年，为了使世界人民关注美国种族隔离问题，金会同其

他民权运动领袖组织发起了历史性的"向首都华盛顿进军"的运动,在这次斗争中,金发表了他著名的演说《我有一个梦想》。这篇演讲寄托着这位民权运动领袖的美好期待,他在自己的演讲中也倾注了极大的热情:

我有一个梦想:有一天,甚至连密西西比州一个非正义和压迫的热浪逼人的荒漠之洲,也会改造成为自由和公正的青青绿洲。

我有一个梦想:有一天,我的四个孩子将生活在一个不是以他们的肤色,而是以品格的优劣作为评判标准的国家里。

今天,我有一个梦想!

我有一个梦想,有一天,亚拉巴马州会有所改变——尽管该州州长现在仍滔滔不绝地说什么要对联邦法令提出异议和拒绝执行——在那里,黑人儿童能够和白人儿童像兄弟姐妹一样地携手并行。

今天,我有一个梦想!

我有一个梦想,有一天,每一个峡谷将升高,每一座山丘和高峰被削低,曲折的道路化为坦途,曲径成通衢,"上帝的光华重现,普天下生灵将同时看到。"

这是我们的希望。这是我将带回南方去的信念。

有了这个信念,我们就能从绝望之山开采出希望之石。

有了这个信念,我们就能把这个国家的嘈杂刺耳的争吵声,变为充满手足之情的悦耳交响曲。

有了这个信念,我们就能一同工作,一同祈祷,一同斗争,一同入狱,一同维护自由。因为我们知道,终有一天我们会获得自由。

我相信终会有一天,上帝的所有孩子都能以新的含义高唱这首歌:

我的祖国,可爱的自由之邦,我为您歌唱。您是我先辈逝去的地方,您是早期移民的骄傲,让自由之声,响彻每一座山冈。

如果美国要成为一个伟大的国家,这个梦想必须实现。

让自由之声在新罕布什尔州的巍峨高峰响彻吧!

让自由之声在纽约州的巍巍群山响彻吧!

让自由之声在宾夕法尼亚州的阿拉格尼高峰响彻吧!

让自由之声在科罗拉多州冰雪皑皑的洛基山响彻吧!

让自由之声在加利福尼亚州的婀娜群峰响彻吧!

不,不仅如此;

让自由之声在佐治亚州的石峰上响彻吧!

让自由之声在田纳西州的每一道山丘响彻吧!

让自由之声在密西西比州的一座座山峰,一个个土丘响彻吧!

让自由之声响彻每一个山冈!

当我们让自由之声响起时,当我们让自由之声响彻每一个村庄,每一个州和每一个城镇时,我们就能加速这一天的到来。那时,上帝的所有孩子,黑人和白人,犹太教徒和非犹太教徒,耶稣教徒和天主教徒,将手挽手同唱那首古老的黑人圣歌:

终于自由了!终于自由了!

感谢全能的上帝,我们终于自由了!

几十年过去了,马丁·路德·金的这篇不朽演讲仍在耳边回响,让人们仿佛听到一个伟大灵魂的呐喊。

在华盛顿的训练班里有一位叫夫林的先生,刚参加训练时,他从一家报社所发行的一本小册子里仓猝而肤浅地搜集了一些关于美国首都的资料,然后演讲。他虽然在华盛顿住了许多年,但却不能举出一件亲身经历来证明自己喜欢这个地方。所以,他的演讲听起来枯燥、无序、生硬,他讲得很痛苦,大家听得也很难过。

两周后,发生了一件事。夫林先生的新车停放在街上,有人开车将它撞得粉碎,并且逃逸无踪,他当时非常生气。但这件事是他的亲身经历,当他说起这辆被撞得面目全非的汽车时,讲得真真切切,滔滔不绝,怒火冲天,就像维苏威火山喷发一样。两周前,同学们听他的演讲时还觉得烦躁无聊,在椅子上坐立不安,现在却给了他热烈的掌声。

如果题目选对了,那么演讲时定能成功。例如谈自己的信念这一类的题目。你对自己的生活一定有一些强烈的信仰,所以你不必四处去找材料。它们就在你的意识表层,你时常会想到它们。

在美国的一档电视节目中曾播出了立法委员就死刑而进行的听证会。当时有许多人被召出席，对这个被人争论不止的问题提出正反两方面的意见。其中一个证人是洛杉矶警员，他有 11 位警察同事，都在与罪犯的搏斗中牺牲，他对这个问题已思考了很多，他产生了立法需要死刑的强烈愿望。他饱含真情，从心底相信自己有万分的理由。历来雄辩都来自于讲演者的信念和感觉，真诚建立在信仰之上，而信仰则出于内心对自己所要说的事的热爱，出于头脑的冷静思考。

对于自己认为很好的题目，除了要想方设法地多了解一些之外，还应该重视自己对题目的感觉，倾注自己的热心。不要抑制自己真诚的情感，也不要在自己真实感人的热情上加个闭气闸。让听众看看，你对自己谈论的题目有多热心，如此，他们的注意力才会紧跟着你。

演讲者总是在捕捉听众的意愿，听众也总是在满足自己的需求。如果演讲者感觉到每个听众都在思考你的问题，那么就说明你的演讲讲得不错。"为什么我会关心这个演说？"在每位听众的心中都会提出这样的问题。一位成功的演讲者应该总是在寻找这样的关注点去影响听众的思想："我能够满足这些听众的哪些需求呢？"

假如你想把自己在路上遇到大堵车，而你又急着去参加一个谈判会的故事告诉听众，你不要以一个旁观者的态度来讲述。这件事发生在你身上，因此你一定会有某种感受，这种感受会使你的讲述更明确，表达更有效果。第三人称的讲述，是不会给听众留下什么印象的。你越是详细清楚地描述当时的情景，或是反映出当时的感受，你便越能生动逼真地表达自己。

我们去看话剧、电影的原因之一，就是想要看到或听到感情的真实表露。有时我们很害怕当众吐露自己的感情。因此，去看话剧、电影，以满足这种感情流露的需要。

当你走上台去要对听众演讲时，应该是满心期盼的神态，而不是像个要登上绞刑架的人。轻快跳跃的脚步也许大部分是装出来的，但是却可以为你制造奇迹，并会令听众觉得你有自己非常热切想要谈的事情。那么，在开始讲话之前，深深呼吸一下，不要靠着讲桌，头抬高，下颌扬起。

你要告诉听众一些有价值的事情,因此你全身每一个部分都应该清楚无误地让他们知道这一点。

就像威廉·詹姆斯所说的,就算是表现得好像是这样也行。如果能把声音传遍整个大厅,这样的音效定会让你信心倍增。杜那特和爱林洛·瑞尔特把这些描述成"预热我们的反应。"他们在《有效记忆的技巧》一书中,指出罗斯福总统"活泼愉快地度过了一生,带着活力、冲撞和热情,这些是他的标记。他总是对每一件事都兴味浓厚,浑然忘我,或者他装得很像这个样子"。正如威廉·詹姆斯所说的那句哲言:"表现热烈,你便会感到热烈。"

不要奢望所有的听众对你演讲的话题都会表现出同样的热情,演讲者必须尽力去激发他们的兴趣。无论你认为自己已经付出多少努力,你的激情都是远远不够的,你必须不断地提升听众的热情。事实上,所有人都是潜在的怀疑论者,你的任务就是打消他们的疑虑。因为你无法说出涉及话题的每一点细节,所以你必须说出听众想知道的那一部分。

演讲从来都不是一个人的事情,选择一个独具匠心的主题,周全地准备,倾注你的热情,激发听者对你演讲的欲望,使演讲顺利地进行下去,这是一场演讲是否成功的关键因素。

25

第二十五章

设计一个独特的开场白

演讲者站到听众面前，很自然地就会引起听众对他的注意，然而要想持续这份注意力，演讲者在第一个句子中就要说出某些吸引听众兴趣的话来，不是第二句、第三句。记住，是第一句。

——卡耐基 《演讲的艺术》

　　我们常听到有的演讲者一上台就向听众表示抱歉："我不是一名演讲者……本来我不准备演讲……我没有什么可说的。"

　　如果在演讲中这样开始，是绝对不行的，基卜林所写的一首诗的第一句就是："再继续下去，真的毫无用处。"对于那些一开始就表示道歉的演讲者，听众抱着的正是这种心情。假如事前真没做准备，听众中的一些人，不用演讲者加以指点，很快就会发觉。可是还有一些人是不可能发现的，又何必去提醒他们，引起他们的注意呢？因为这样说，就等于是在向他们暗示，你认为他们不值得让你去准备，而且你可以用在火炉边偶然听到的一些资料就足以满足他们的听欲了，你一旦道歉，这无异是在侮辱他们。所以，你演讲中的第一个句子就要引起听众的好奇，而后他们就会对你产生兴趣并加以注意。

　　有位演讲者在发表演讲时，一开始就问：

　　"你们知道吗？在今天这个高度文明的世界，还有 17 个国家存在着奴隶。"

　　他的话不仅引起了听众的好奇，甚至是让他们大吃一惊："奴隶？在今天？17 个国家？简直令人难以置信。在什么地方？是哪些国家？"

　　要知道听众是不喜欢听道歉的。他们聚集在一起，想要听的是新的消息和有意义的建议,只有这样才能激起听众的兴趣。

任何形式的演讲,开头总是关键。在演讲开始后的几分钟或者几秒钟内,听众通常会决定是否接受演讲,是否听下去。有趣的是,准备演讲从来不是从开头入手,而是应当先确立演讲的目的,然后围绕目的收集材料,并将材料加以组织整理,最后要做的才是着手准备开头。只有这样,才能更好地选择正确而恰当的开头方式。

大凡具有演讲常识和经验的人都这么做,他们总会想出一段能够吸引人注意的开场白,立即抓住听众的注意力。

在威尔逊总统就德国潜艇战做最后通牒的这种大问题,向美国国会发表演讲的时候,他仅用了短短的二十几个字宣布主题,立刻就把听众的注意力集中到了这个问题上。他说:两国的外交关系已经发生了一些情况,他认为,他有责任向各位坦诚相告。

全美国收银机公司的销售经理,也用了同样的方式向他手下的销售人员发表演讲。他的引言只有充满活力和推动力的三个句子,谁都能听懂:"争取到订单的各位,你们是让我们的工厂烟囱不断冒烟的大功臣。我们的烟囱在已经过去的两个月中,所冒出的黑烟不够多,所以无法把大片天空染黑。现在,酷热的夏季已经过去,生意已开始复苏,我要向各位提出一项简短而又迫切的要求:'我们要更多的黑烟。'"

史兹卫伯在纽约费城协会发表演讲时,他的第二句话就立即抓住了问题的核心:

"现在,在美国人的脑海中,最重要的问题是:目前的经济衰败意味着什么?前途又将如何?就我个人而言,我是一名乐观主义者……"

有位演讲者使用了这样一个令人震惊的事实:

"我们的一位议员先生,最近在一次议会上发言,他要求通过一项法律,禁止把离任何学校一公里以内的蝌蚪变成青蛙。"

你一定会捧腹大笑。他是不是在说笑话?真有这回事吗?是的。因此,这位演讲者继续解释下去,他的听众也饶有兴趣地听下去。

《星期六晚邮》杂志上有一篇文章,题目是《论歹徒》。它一开篇即说：

"歹徒是否有组织？从某一规则看来，他们确实有组织。为什么呢？……"

这位作者仅用短短的几句话就点出了他的主旨。他先向你透露其中的一部分内容，并设法引起你的好奇心，然后让你急迫地想知道歹徒究竟是怎样组织起来的。这是一种令人十分赞赏的手法。

每个有志学习演讲的人，都应向这位作者学习，学习他这种开篇就立即抓住读者兴趣的技巧，从中学会准备演讲开场白的技巧。你即使埋头研究一大本演讲稿全集，效果也胜不过它。

演讲开头成败的关键在于能否吸引并集中听众的注意力。演讲时获取听众注意力的方式随题材、听众和场景的不同而改变。一般可以运用事例、轶闻、经历、反诘、引言、幽默等手段达此目的。

迈克鲁是一家重要刊物的创始人。他曾说过："一篇好的杂志文章，就是一连串的惊吓。这些文章把我们从睡梦中惊醒，让我们屏住呼吸，抓住了我们的注意力。"

巴尔狄·摩蒂巴兰丁演讲《广播的奇妙》时，他是这样开始的：

"各位是否知道，无线电可以把一只苍蝇在纽约的一个玻璃窗上行走的微细声音，从美国传播到中非，而且还能把这种微细声音扩大成像尼亚加拉大瀑布一样惊人的声响？"

保罗·基朋斯是费城乐观者俱乐部的前任会长。他在演讲《罪恶》这个题目时，说出了这段让人瞠目结舌的话：

"有人说，美国是人类文明中犯罪最严重的国度，这种说法虽然令人震惊，但这却是事实。俄亥俄州克利弗莱的谋杀案是伦敦的6倍。按人口比例计算，它的抢劫犯人数是伦敦的170倍。每年在圣路易市遭人杀害的人数，比英格兰和威尔士的总和还要多。纽约一个市的年谋杀案就超过法国、德国、意大利三个国家的总和。

"这里还有一个更让人悲哀的事实，那就是罪犯没有得到应有的惩罚。你如果谋杀了一个人，而你会被判死刑的可能性不到1%。"

"我相信,在座的各位都是追求和平的善良公民,而你们死于癌症的几率,却是你枪杀一个人而被绞死的几率的 10 倍。"

由于基朋斯在言语之间流露出了无比的热诚和力量,所以这段开场白是十分成功的。但是,也有其他人在讲犯罪问题时,用相似的例子作为开场白,结果却显得很平淡。原因就是他们说出来的只不过是一些空言空语。他们的结构技巧无懈可击,但他们的精神却几乎是零。他们的态度破坏和削弱了他们所说的一切。

纽约哈里·琼斯公司的总裁哈里·琼斯先生,在演讲《犯罪情势》时,用了下面几句话作为开场白:

"美国最高法院前任首席法官塔夫特宣称:'我们对刑法的管理,是对文明的一种耻辱。'"

这个开场白有两点高明之处:一是这是一段令人感到震惊的开场白;二是它是从一位司法权威那里引用来的一段惊人的宣称。

我们一定要避开过分戏剧化和过分耍噱头的开头的危险。曾经有个人为了引起听众的注意,用对空放了一枪来展开演讲。结果是虽然获得了注意,但却把听众的耳膜震破了。

开场白就好像与人促膝而谈那样,平易近人。有个方法,可以有效地了解你的开场白是否真像你平日的谈话,那就是在餐桌上试讲。倘若你的方式不够平和,那你就上不了餐桌,那么,对听众恐怕就不亲近了。

作为演讲者,不管你准备了多少演讲内容,最初的 30 秒都是最重要的。不要小看这短短的开场白,他将决定此后你所说的每一句话的命运。听众将根据你给他们留下的第一印象来决定是否耐心聆听你的演讲。因此你必须把握好自己的开篇,事先反复练习。作为你与听众的第一眼接触,你的双眼应该远离笔记,认真地注视台下的听众。因为此时你最需要拉进与听众的距离,建立自信。只有当你确信所有听众都在饶有兴致地聆听你的演讲时,你才可以确信自己已经迈出了成功的第一步。

不同的人每天都在谈论不同的话题,谈论各种各样的事情,没有人喜欢听那些空洞的理论。如果你总是谈论观念本身,一定会让人感到厌烦;

但当你的谈论涉及人的问题时,无疑会吸引人们的注意力。

杰克先生是纽约一个口才培训班的学员,他总觉得要引起自己的兴趣或激发听众的兴趣很难。有一天晚上,老师建议他利用"人性故事"来演讲,结果他获得了满堂的喝彩。下面就是他讲的有关他的两个同学的故事:

他大学里有两个同学,一个小心谨慎、斤斤计较。比如他买衬衫,一定要分别在城里的不同店里买,并制表显示哪一件衬衫耐烫、耐穿。通过这种方法可以显示他每一块钱的投资能获得的最大效用。这个同学从工学院毕业后自视清高,不甘心从基层干起。结果三年后同学聚会,他仍旧在画他的衬衫洗熨表,仍旧在期待着好职位的降临,可他什么也没有等到。20多年过去了,那人仍满腹怨恨和不满地在一个小职位上干着。

然后他又讲了另一个同学的故事:这个同学,他极易与人相处,大家都喜欢他。虽然他雄心万丈,有志成就大事业,但他却踏踏实实地从绘图员开始做起。不过,他总在寻找机会。当他知道纽约世界博览会正处在计划阶段急需工程人才时,便辞去费城的职务,搬往纽约。他跟人合伙,立即做起了承包工程的业务。他承揽了电话公司的许多业务,最后他也因此而被博览会高薪聘请。现在这个同学已经超越了当初对自己的期望。

这位演讲者在讲述中充满了许多有趣而有人情味的细节,他讲得妙趣横生,上面所选的只是这位演讲者所讲的一个简单概述,他就这样不停地说着。他平时连三分钟演讲的内容也找不到,而这次他却足足讲了十几分钟。因为他讲得太精彩了,听众似乎觉得太短了,意犹未尽。

这个事例,可以给每个人以感悟。本身很平淡的演讲,如果其中能包括张扬人性的有趣故事,那它也能引人入胜。演讲者应只提出少量的重点,然后就用具体的事例来证明,就一定能引起听众的注意。

如果可能的话,这些故事应谈及奋斗以及经奋斗而获得胜利的过程。每个人都对奋斗感兴趣。

人们都喜欢看两个男人为追求同一个女人而大打出手。你不妨去读一读任何一篇小说,或者去看任何一场电影,我相信你一定会看到当所有的障碍都消除,男主角拉着女主角的手时,观众们就开始伸手去拿他们的外衣和帽子。5分钟后,清扫工就一边打扫影院,一边喋喋不休了。

几乎所有的小说和杂志都是以这种方式为基础。那些作者,总是尽一切可能地让读者先喜欢故事中的男女主角,让他们去追求梦想,但又让这梦想显得似乎无法得到,然后再描述男主角或女主角经过怎样的奋斗而终于获得了成功。这类故事都是最激动人心的,也是最能吸引人的。演讲也一样,不妨设计一些细节,让听众跟着你的感觉走,你就抓住了听众的注意力。

属于任何人的真实生活都是很有趣的。假如某个人把他经历的挣扎和奋斗讲出来,毫无疑问,定会引起人们的兴趣。

人情趣味材料最丰富的源泉正是自己生活的背景。有些人踌躇着不敢讲出自己的经验,是因为他觉得在公开场合,不该谈论自己。听众固然讨厌听那种满怀敌意、狂妄自大地对自己大加谈论的话。但演讲者亲身经历的故事才是抓住听众注意力的最有效、最可靠的方法,千万不要忽视。

开场是你给听众献上的开胃甜点,但不是要你一定做到十全十美。这仅是试探、激发听众兴趣并向下一步骤推进的铺垫阶段。如果你一开始就没有抓住听众的兴趣,接下来的时间你将非常尴尬,也许再用3分钟的时间也无法弥补听众对你的信心,因为人们的兴奋点不会持续很久。

我们经常见到,应该获得听众兴趣的开头,往往成了演讲中最枯燥的部分。比如说这样一个演讲:"要信赖上帝,并且相信自己的能力……"这样的开头就像开水煮白菜,说教意味太重。接着他说:"1981年我的母亲守寡,有三个孩子要养育,但却身无分文……"这第二句话就渐渐有意思了。演讲人为什么不在第一句就叙述寡母领着三个嗷嗷待哺的幼儿奋斗求生的事呢?

罗素·凯威尔的著名演讲《怎样寻找机会》,进行了6000多次,收入多达百万美元。他的这篇著名的演讲是这样开头的:

"1870年,我们到底格里斯河游历。途中我们在巴格达雇了一名向导,请他带领我们参观波斯波利斯·尼尼维和巴比伦的名胜古迹。"

他就是用了这么一段故事,来做他的开场白,这种方式最能吸引听众。这样的开场白几乎万无一失。它向前推进,听众紧随其后,想要知道即将发生的事情。

即使是缺乏经验的演讲者,只要能运用这种讲故事的技巧,那么照样也能成功地制造出一个精彩的开场白引起听众的注意力。

出色的口才高手总是在开篇便一鸣惊人,他们会立即抓住听众的心。你必须从登上讲台的那一刻起就吸引住听众的注意力。否则的话,你将不能顺利传递你的信息,无法保持听众对你演讲话题的兴趣,最终丧失你在讲话中的主导地位——这一切都是阻碍讲话成功的障碍。

爱伯特·胡巴德说:"这个世界上要把财富和荣耀同时奖给一件事物,那就是进取精神。什么是进取精神呢?就是在没有人告诉你如何做的情况下,做出最准确的行动。"

这是一段讨论《商业成就》的开场白，它包含了几个特点。第一句话就引起了听众的好奇，接着我们会忍不住想："到底要把财富和荣耀奖励给谁呢？请快点告诉我们，或许我不同意你的观点，但无论如何，请告诉我们你的见解吧。"所以这第二个句子立即把我们带入了问题的核心。第三句是一问句，是在邀请听众与其一起思考，而听众一向都是愿意行动的。第四句则说出了"进取精神"的含义。

作者在说完这段开场白后，接着讲了一个极富人情味的故事，来证明"进取精神"。因此，这篇文章，从它的结构来说，的确称得上佳作。

那么，在演讲之中，我们不妨也来试一试这种方法。

从本质上说，听众的自我意识都是很强的，他们只是在感到能从演讲中有所收获时才专心去听演讲。演讲的开头应当回答听众心中的"我为什么要听？"有时候，听众可能会对演讲者的动机发出疑问，或是与演讲者持相反的观点。在诸如此类的场合——特别是想改变听众的观点或行为时——要使演讲成功就需要建立或是提高听众对演讲者的信任感。

第二十六章

26

增强语言感染力的技巧

在辩论或交谈中有很多高超的语言技巧，优秀的演讲者都善于利用一些技巧，来增加语言的感染力，其中，引用熟语和运用数字是人们善于运用的三种技巧，巧妙地加以运用能收到意想不到的奇妙效果。

——卡耐基 《演讲的艺术》

　　在辩论或交谈中有很多高超的语言技巧,优秀的演说者都善于利用一些技巧,来增加语言的感染力。引用熟语、运用数字、去掉赘语是人们善于运用的三种技巧,巧妙地加以运用能收到意想不到的奇妙效果。

　　熟语包括成语、俗语、谚语、歇后语等,在辩论中或交谈中巧妙地运用,能大大增加语言的感染力。

　　我们来看一看两位总统是如何运用熟语的。

　　1988年5月,美国和前苏联两个国家的领导人举行会谈。在欢迎仪式上,戈尔巴乔夫说:"总统先生,听说你很喜欢俄罗斯谚语,我想在你收集的谚语里再补充一条,那就是'百闻不如一见'。"

　　在场的人都知道戈尔巴乔夫指的,当然是宣称他们在削减战略武器上有行动了。

　　当然,里根总统也不示弱,他彬彬有礼地回敬道:"是足月分娩,不是匆忙催生。"

　　里根的谚语形象地说明了美国政府不急于和前苏联达成削减战略武器等大宗交易的既定政策。

　　两国领导人经过紧张磋商,在某些问题上还存在分歧,都表示要继续对话。戈尔巴乔夫担心美国言而无信,于是便在谈话中用谚语加以提醒:

"言必信，行必果。"那时里根也送给戈尔巴乔夫一句谚语："三圣齐努力，森林就茂密。"

在演讲中，运用熟语以增加语言的表现力是一种有效的办法，但是常言道：美味不可多用。

熟语就好比是调味品，必须用得准确，恰到好处，才能起到"调味"的作用。用得多了，就会流于肤浅和滑稽，令人生厌。

数字在言谈中也具有很大的威力。在一般人眼里，数字是枯燥乏味的。其实不然，数字本身具有一种非凡的力量，如果能够巧妙地加以利用，照样能发挥出意想不到的作用。

几十年前，美国纽约的一位女议员贝拉·伯朱格曾进行过一次呼吁男女平等的演讲。她的演讲极具说服力，其中有一段是这样的：

"一个月前，我在国会倾听总统对全国发表讲话，在座的有700多人。我听到总统在说：'这里聚集了美国政府的全体成员，有众议员、参议员，还有最高法院的成员和内阁成员。'我环顾四周，在700多名政府要员中只有17人是女性；在435名众议员中只11人是女性；100名参议员中只有1个女性；内阁成员中没有女性；最高法院中也没有女性。"

贝拉·伯朱格的话简练而精确，极具说服性，因为她懂得数字的威力。不管你是谁，也不管你是否同意她的观点，在这几个确凿的数字面前，你不得不承认在生活中的确存在着性别歧视。

可见，对比性的数字显然比无比较地罗列数字，具有更大的说服力。我们在言辞中应善于将有关数字对比性地表述出来。

赘语是演讲中最忌讳的。那些已经成为有些人演讲习惯的赘语，实际上在最初的时候只是思维过程和紧张心理的反映。当然听者并不知道演讲者心理多么紧张，他们也看不到演讲者内心的焦虑，他们只会对那些赘语厌烦，并且对演讲者的实际能力产生怀疑甚至低估。那些赘语，正像有人说的那样："第一次用花来比喻女人是最聪明的，第二次再使用的人是最愚蠢的。"

威利向他的上司说明他调整办公室人员的想法："我……呃……认

为……也许把乔治……呃……调到其他部门去……呃……会更……好……呃……因为我们这里……呃……不再需要他了。"

威利把"呃"字挂在嘴边,一件用简单的话语就可以表达的事,被他这些赘语给弄得支离破碎,听者听着也会很不舒服,也许上司对他在其他方面的能力也产生怀疑了,也许希望他也能离自己远点呢。

演讲时,有节奏的停顿是必要的,甚至可以用短暂的沉默吸引听众的注意力,加强说服的效果。然而,有损于语言能力的赘语,只会使你演讲的吸引力大打折扣。

一定要注意:诸如"你知道吗"、"事实上"、"……的话"、"我觉得"、"我相信"、"坦率地说"、"老实说"、"然后"等,这些词在一段话中反复出现,纯粹是令人生厌的废话,既然是废话,不如干脆不用。

27

第二十七章

合理运用幽默的力量

幽默是一个人最应该掌握的工具，尤其是在演讲中，显示一个人的聪明智慧以及随机应变的能力。幽默既不是毫无意义的插科打诨，也不是没有分寸的卖关子，要嘴皮。幽默要在入情入理之中，引人发笑，给人启迪。

——卡耐基 《语言的突破》

在发表演讲这个极为困难的领域里，没有什么比引起听众发笑更为困难、更为难得的事情了。每一位演讲者在演讲时总幻想着马克·吐温的精彩幽默能降临到自己的身上。为了使自己的演讲表现得好笑，他可能会以一个幽默的故事来开头。然而，他的本性是严肃的，古板得犹如教科书。因此，他的笑话多半不会生效，这种临时改变的态度，会使他的演讲产生一种沉闷的气氛。这正好印证了哈姆莱特的不朽名言："不新鲜的，老套的，平淡而且毫无益处。"

下台去！

假如一个演员在一群花钱入场观看表演的观众面前，这样失败过几次，观众一定会打开汽水，而且大叫"下台去！"在演讲中，或许一般听众都极富同情心，所以，他们出于纯粹的慈悲心肠，通常都会尽量发出笑声。但同时，在他们的内心深处，定会为这个"幽默"演讲者的失败而大加怜悯。他们本身也觉得极不舒服。

林肯早年在伊利诺伊州第八司法区的酒店讲了许多故事，当时人们甚至要赶几里远的路去听。人们整晚都听他讲故事，却丝毫也不觉得累。据当时在场的一些听众说，他的故事有时令人兴奋得高声大叫，从椅子上跳下来。

这里有一个林肯曾说过的笑话，他每次说完后，听众总会哈哈大笑。我们不妨来看一看：

"有位迟归的旅行者，走在伊利诺伊草原的泥泞路上，他急着要赶回家去，但不幸的是遇上了暴风雨。夜色漆黑如墨，倾盆大雨犹如天堂的水坝泄洪，雷声怒吼，就像炮弹爆炸，闪电击倒了路旁的好几棵大树。最后，在传来一阵这位可怜的旅客一生中从未听见过的可怕的雷声后，他立刻跪倒在地，喘着气说：'哦，万能的上帝，倘若对你来说没有什么差别的话，请你少给我一点雷声，多给我一点闪电吧！'"

也许你就是那种具有难能可贵的幽默感的幸运儿。假如真是这样，那你一定要尽全力去培养它。无论你到什么地方演讲，一定会因此而大受欢迎。但倘若你的才能是在别的方面，那你不必故作幽默。

每一个仔细研究过林肯等人的演讲的人，都会意外地发现，他们很少会在开场白里加入幽默笑话。著名演讲家卡德尔说："我从来不会单纯地为了幽默而说出好笑的故事。"他所说的幽默故事，一定有其观点，对人有所启示。幽默就像蛋糕表面的糖霜，它只是蛋糕层与层之间的巧克力，而不是蛋糕本身。

美国当代著名的幽默演讲家古利兰有个规矩：绝不会在演讲的最初3分钟里说笑话。既然他已经证实这个规矩很有效，那么很多人都不会反对的。如此说来，是不是开场白就一定要十分庄重而且极度严肃呢？也不是。假如你办得到的话，也许能博得听众一笑。你可以说说跟演讲场合有关的事，或是就其他演讲者的观点说几句，极力夸大一些不对头的地方。这种笑话，比一般有关丈母娘和山羊的陈旧笑话更有效几十倍。

其实制造欢乐、融洽气氛的最简单有效的方法，就是拿自己开玩笑。叙述自己所遭遇的一些尴尬而荒谬的情景，这才是幽默的真实本质。

杰克·班尼是在广播中最早作弄自己的笑星之一。他把自己当笑柄，取笑自己的吝啬、自己的年龄和自己的小提琴技术。他亦庄亦谐，妙语联珠，使收听率居高不下。

听众对竭尽巧思、不骄矜自负，而又能幽默风趣，不讳言自己的欠缺和失败的人，自然会敞开心扉。相反，制造吹牛皮的形象，或无所不知的专家形象，听众当然要排斥他。

著名作家基卜林在向英国一个政治团体发表演讲时，在开场白中讲了一个笑话，结果引得听众捧腹大笑。下面就是他讲的那个笑话，让我们看看他是怎样聪明地引人发笑的。

各位女士、先生们：

我年轻时，曾在印度当记者，专门替一家报社报道犯罪新闻。因为这项工作使我认识了许多骗子，所以我认为这是一项很有趣的工作。有时，在我报道了他们以后，我就到监狱去看望这些正在服刑的老朋友。我记得有一个人，他是因为谋杀而被判无期徒刑的。他是一个聪明、说话温和而有条理的家伙，他自称要把他的生活教训告诉我。他说，以他为例，一个人一旦做了不诚实的事，就很难自拔，只有一件接一件地不诚实地做下去。到最后他发现，必须把某个人除掉，才能恢复自己的正直。目前，我们的内阁正是如此。

他讲述的是自身的一些经验，而不是一些陈旧的轶闻往事，并且好像开玩笑一样强调了其中不对劲儿的地方，自然就收到了意想不到的效果。

幽默是一种一触即发的事，跟个人的特点和性格有很大的关系。在发表演讲的这个极为困难的领域里，还有什么比引起听众发笑更困难、更为难得的呢？记住，故事本身并没有太大差别，听众所感兴趣的是说故事者的叙述方式。

英国作家哈里兹特说："幽默是说话的调味品，而不是食品。"所以，使用幽默的表达方式一定要分清场合、对象。法国文学家德哥勃拉评论说："幽默是比宇宙力更麻烦的问题，是文艺批评上的不规则的多边形！永远没有人能够分析一个幽默作家的心理，这种心理使人捉摸不定，好比生物学家追赶的蝴蝶，当你刚以为捉住了它的时候，它却逃走了。"

尽管幽默是这样不可捉摸,但是在演讲中加入恰到好处的幽默还是必要的。

幽默不仅反映出一个人随和的个性,还显示了一个人的聪明智慧以及随机应变的能力。但需要注意的是,幽默既不是毫无意义的插科打诨,也不是没有分寸的卖关子,耍嘴皮。幽默要在入情入理之中,引人发笑,给人启迪,这需要一定的素质和修养。幽默是引人发笑的,但并不是幽默的目的,真正的目的在于使人们在笑声中得到深刻的哲理,发现一些有价值的东西,从而得到启迪。那些古今有名的大演讲家几乎都是"笑的哲人",正如英国大戏剧家莎士比亚所说的那样:"幽默风趣是智慧的闪光。"

第二十八章

28

完美的结尾

你可曾知道，在演说中，有哪些部分最能显示出你到底是一个缺乏经验的新手，还是一名演说专家？是一个笨拙的演讲者，还是一个极有技巧的演讲者？我告诉你，那就是开头和结尾。

——卡耐基 《演讲的艺术》

一场演讲必须有个好结尾。要想给听众留下鲜明的印象，必须使演讲的内容合情合理地推进，一直到得出正确的结论。

你可曾知道，在演说中，有哪些部分最能显示出你到底是一个缺乏经验的新手，还是一名演说专家？是一个笨拙的演讲者，还是一个极有技巧的演讲者？我告诉你，那就是开头和结尾。戏院里有一句跟演员有关系的老话，那句话是这样表述的："从他出场及下台的情形，就可知道他是不是一个好演员。"

开始与结束！对任何一种活动来说，它们都几乎是最不容易纯熟地表现的部分。例如，在一个社交场合，优雅地进入会场，以及优雅地退席，不就是最需要技巧的一种表现吗？在一次正式的会谈中，最困难的工作，不就是一开始就赢得对方的信任，以及成功地结束会谈吗？

结尾是一场演说中最具战略性的部分。当一个演说者退席后，他最后所说的几句话，将仍在听众耳边回响，这些话将在听众心目中保持最长久的记忆。不过，一般初学演说的人，很少会注意到这一点的重要性。他们的结尾经常令人感到失望。

他们最常犯的错误是什么呢？让我们来研究一下，以便找到补救之道。

第一，不要说："关于这个问题，我大概只能说这么多了。因此，我想，我该结束我的演讲了。"

这类讲演者常常释放一阵烟雾，心虚地说句"感谢各位"，就想以此来遮掩和结束自己不太令人满意的演讲。事实上，这样草草了事算不得是什么结尾。这绝对是一个错误。这会向听众暴露出你是一个生手。这几乎是不可原谅的。如果你该讲的话都说完了，为什么不就此结束你的演说，立即坐下来，而不要再说些"我说完了"之类的废话呢！你一定要这样做，这样反倒给听众留下了袅袅余音，他们自然能从你的停顿中判断你已讲完了一切要讲的。

第二，知道如何结尾。

有一些演说者，在说完了他应该说的每一句话后，却不知道如何结束。乔斯·比利斯建议人们捉牛时，要抓住尾巴，而不要抓角，因为这样才容易得手。但这儿提到的演说者却是从正面去抓牛的。他十分希望与这头牛分开，但不管他如何努力，他就是无法与牛分开而逃到篱笆或树上去。因此，他最后只能在原地打转儿，把自己说过的话说了又说，在听众心目中只能留下一个坏的印象。

如何改进呢？那就是，结尾必须要事先计划好。不是吗？如果你在面对听众之后才试着琢磨你的结束语，那就太晚了，因为此时你正承受着演说中的重大压力与紧张情绪，而且你的思想又必须专注于你所说的内容，你想想，这种"临时抱佛脚"的做法不是很愚笨吗？因此，如果你能在事前心平气和而又安静地谋划你的结尾，岂不是聪明得多了？

初学者必须十分明确地知道他在结尾时要表现什么。他应该把结尾的一段预先练习几遍，当然他不必每一次都重复使用相同的词句，但要把自己的思想明确地用词句表现出来。

如果是即席演说，你在演说进行当中必须不断地更改很多材料，必须删减掉某些段落，以便能灵活应对事先未曾预料到的情形，这也有助于你与听众的反应合拍。因此，聪明的做法就是事先准备好两三种结束语。如果其中一种不合适，另一种也许就可用得上。

第三，不要急言快语地结束。

有些演说者却永远到达不了结尾。他们在演讲进行中，就开始急言快语，不着边际，仿佛汽油快用完时，引擎就会砰砰作响、频频停火一般。在绝望地往前做了几番冲刺之后，它们就已完全静止下来，抛锚了。当然，他们需要做更充分的准备工作，进行更多的练习，也就是说，要给油箱里注入更多的汽油。

许多新手的演讲往往结束得太过突然。他们的结束方式往往不够平顺，缺乏修饰。确切地说，他们没有结尾，他们在演讲途中突然且急骤地停止了。这种方式会令人感到不愉快，这也显示演说者是个十足的外行。这就仿佛在一次社交性的谈话中，对方突然停止说话，猛然冲出房间，而未曾向房间里的人有礼貌地道声再见一样。

就是林肯这样杰出的演说者,在他第一次就职演说的原稿中也犯了同样的错误。在发表这场演说的当口,形势非常紧张,冲突与仇恨的乌云正在头上盘旋。几周之后,血腥与毁灭的暴风雨——美国南北战争立即在美国各地爆发。林肯本来想以下面这段话作为他向南部人民发表的就职演说的结束语:

各位心存不满的同胞们,内战这个重大问题将如何解决,就掌握在各位手中,而不是在我的手里。政府不会责骂你们。你们各位若不当侵略者,就不会遭遇冲突。你们没有与生俱来的毁灭政府的誓言,但我却有一个最严肃的誓言,要我去维护、保护及为这个政府而战。你们可以避开对这个政府的攻击,但我却不能逃避保护它的责任。是和平还是大动干戈?这个庄严的问题掌握在各位身上,而不是在我身上。

林肯把这份演讲稿拿给国务卿过目。国务卿很正确地指出,这段结尾太过直率,太过鲁莽,太具刺激性。所以,国务卿试着修改这段结尾词,并且写了两个结尾供他选择。林肯接受了其中的一种,并在稍加修改之后,用来代替原来讲稿的最后三句话。这么一来,他的第一次就职演说就不像原稿那样具有刺激性及鲁莽感觉,而是表达了更强的友善,也展现了他的纯美境界及如诗的辩才:

我痛恨发生冲突。我们不是敌人，而是朋友。我们绝对不要成为敌人。强烈的情感也许会造成紧张情势，但绝对不可破坏我们之间的情感和友谊。记忆中的神秘情绪，从每一个战死疆场及爱国志士的坟墓延伸到这块广袤土地上的每一颗活生生的心及每一个家庭，将会增加合众国的团结之声。到了那时候，我们将会，也必然会，以我们更佳的天性来对待这个国家。

一个初学演讲的人如何才能找到对演说结尾部分的正确感觉？要根据机械式的规则吗？

不！不是的。它就跟文化一样，这种东西太微妙了。它必须是属于一种感觉的东西，也就是说，它几乎是一种直觉。除非一个演说者能够"感觉"得到如何才能表现得和谐而又极为熟练，否则你自己又怎能盼望做到这一点呢？

不过，这种"感觉"是可以培养的，这种经验也是可以总结出来的。你可以去研究一些成名演说家的方法。下面就是一个例子，这是当年威尔士亲王在多伦多帝国俱乐部发表演说的结束语：

各位，我很担心。我已经脱离了对自己的克制，我已对我自己谈得太多了。但我想要告诉各位，你们是我在加拿大演讲以来人数最多的一群听众。我必须要说明，我对我自己的地位的感觉，以及我对与这种地位同时而来的责任的看法——只能向各位保证，将随时恪尽这些重大的责任，并尽量不辜负各位对我的信任。

即使是一名"瞎眼"的听众，也会"感觉"到这就是结束语。它不像一条未系好的绳子那般在半空中摆荡；它也不会显得零零散散而未加整修。它已修剪得好好的了，它已经整理妥当，这预示着：应该结束了。

在国际联盟第六次大会召开之后的那个星期天，著名的霍斯狄克博士在日内瓦的圣皮耶瑞大教堂发表演说。他选择的题目是：《拿剑者，终将死于剑下》。下面是他这次演讲词的结尾部分。你会感觉到，他所表现的是如此美丽、高贵而又富有力量：

我们不能把耶稣基督与战争混为一谈——这是问题的关键所在。这也是我们今天所面临的挑战，而且应该激发起基督的良心。战争是人类所蒙受的最大及最具破坏性的社会罪恶！这绝对是残忍无比的行为！就其整体方法及效果而言，它代表了耶稣所不曾说过的每一件事，也不曾代表耶稣说过的任何事。它非常明显地否认了关于上帝与人类的每一项基督教义，甚至远超过地球上所有无神论者所能想象的程度。如果能看到基督教会宣称它将为我们这个时代最重大的道德问题负责任，并看到它有如在我们父辈时代所提出的明确的道德标准，以对抗目前我们这一时代的异教邪说，拒绝让良心受制于一些好战的国家，将上帝的国度置于民族主义之上，并呼吁这个世界追求和平，这岂不是极有价值的吗？

此时此地，身为一个美国人，置身于这个高耸着自由女神像的屋顶下，我不能代表我的政府发言，但我愿以美国人及基督徒的双重身份，代表我的几百万名同胞发言，祝福你们完成了一项伟大的任务，即让我们信任你们的伟大任务。我们为它祈祷！如果无法完成，我们将深感遗憾。我们已经过了多方面的努力，大家的目的是一致的——即追求一个和平的世界。再也没有比之更好的目标值得我们去奋斗了。舍此目标，人类将面临有史以来最为可怕的灾祸。就如同物理学上的万有引力定律，在道德领域中的上帝法则没有种族与国家的界限："拿剑者，终必死于剑下。"

但是，如果没有了林肯第二次就职演说结尾部分的那种庄严的语气以及如钢琴般优美的旋律，那么，我们所选录的演说结尾就不能算是完整的。牛津大学已故的前任校长库松伯爵就曾经宣称，林肯的这段结束辞"可以名列人类的荣耀及珍藏……是人类雄辩口才最纯净的黄金，不，应该算是近乎神圣的口才"。且听：

我们很高兴地盼望，我们诚挚地祈祷，这场战争的大灾祸将很快就会成为过去。然而，如果上帝的旨意是要使这场战争持续到将250年来由那些无报酬的奴隶所积聚的财富完全耗尽，持续到受皮鞭鞭打而流出的每一滴血都要用由刀剑砍伤而流出的血来赔偿，那么，我们也必须说出3000年前相同的那句话："上帝的裁判是真实而公正的。"

不对任何人怀有敌意；对所有人都心存慈悲，坚守正义的阵营，上帝指引我们看见正义，让我们努力完成我们目前正在进行的任务；治疗这个国家的创伤；照顾为国捐躯的战士们，照顾他们的寡妇及孤儿——尽我们的一切责任，以达成在我们之间的一项公正及永久的和平，并推广至全世界。

这是由凡人口中所曾发表过的一段最美妙的结尾……在演讲文学的领域中，除了这篇演讲稿之外，你还能从哪篇讲稿中找到比这更具人性、更充满爱意、更充满同情心的段落？

威廉·巴顿在《亚伯拉罕·林肯的一生》一书中说："葛底斯堡演讲已经十分高贵了，但这篇演讲却提升到了更高一层的地位……这是亚伯拉罕最伟大的一篇演讲，它把他的智慧及精神力量发挥到了最高境界。""它就像是一首圣诗，"卡尔·舒尔兹写道，"从来没有一位美国总统向美国人民说过这样的话。美国也从来没有一位能在内心深处找出这样感人话语的总统。"

但是，你并不会以总统的身份在华府发表演说，也不会以总理的身份在渥太华或堪培拉发表演讲。也许，你的问题只是，如何在一群社会工作人员面前结束一次简单的谈话。你应该怎么办呢？

美国著名的口才和演讲学专家多罗茜·利兹女士总结出了以下典范式的语言总结要素：

第一，不要说"总之……"或者"因此，总的来说……"等等。

听者在听到这样的总结预报时，往往精神会立即松懈下来，并且先于说话者做好结束的准备。应该选择能重新唤起听者对你讲话的注意力和耐性的语言。例如，你可以说"核心的问题，也就是最能使你们受益的问题就是……"，也可以说"我建议大家……"，有了这样的提醒，听者一定会特别重视你接下来将为他们提供的信息，他们会十分注意你最后所说的每一句话。

第二，可以以一种环型的方式设计你的讲话，也就是我们通常所说的首尾照应。

不要说"总之……"或者
"因此，总的来说……"。

很多人在说话时容易犯有始无终的毛病，常常陈述了一大堆理论、事实、例证后什么也不曾总结。一定要在谈话的结束时总结你的观点，除非谈话本身就是漫无边际的闲聊。实际上，即使在只有 5 分钟的简短谈话中，一般的说话者也会不知不觉地使谈话范围不断扩大，以至于结束时，听者对于他的主要论点究竟在何处仍感到有点困惑。用简短的几句话重新点题，可以有效地收拢听者散乱的思绪。

第三，用有力的总结激励自己和听众。

说话的结尾要用激昂高亢的声音，情绪应该饱满而丰富，使听众对你的陈述和观点都留下一个深刻的记忆。一个好的总结可以是一句激动人心的宣言，或者一个诙谐幽默的笑话，或者一个鼓舞人心的号召，或者是引经据典地高度总结使思想得到升华。有些时候，当谈话即将结束时，向听者提出采取行动的要求的时机也已经成熟了，此时就可以开口提出要求。例如，可以要求听者去参加捐助、选举、签名、购买、抵制或任何你想要他们去做的事。而有些时候，结束谈话的语言可以是一句简洁而真诚的赞扬。

第四,为自己话语的结尾准备多个总结。

有些讲话者在结尾时可能会说"没有问题了吗? 那么我的讲话就到这里了"。其实这并非是一个好的结束语,假如是不得已而为之,那么就最好事先准备好多个总结,一定要在回答提问结束后再次讲出一个有力的总结。

无论你使用何种口才技巧,一定要尽量使你的结束语能够持久地保留在听者的记忆中,并能对他们的个人生活发挥作用,而这才能称为一场成功的演讲。

第二十九章

29

即席演说的技巧

情急之下，一个人具有整理自己的思想并发表谈话的能力，有时候，要比经过长时间努力准备后的演讲更重要。现代的商业需要，以及现代人口头沟通的自在随意，使这种即席发言的能力不可缺少。

——卡耐基 《演讲的艺术》

在情急之下，能够收拢自己的思想并发表谈话，就某些方面而言，比要经长时间努力准备之后才能演说，更为重要。一般来说，即席演讲有以下几个特点。

一是话题集中，针对性强。即席演讲一般是由近期或眼前某种特定的场景和特殊的时境引发的，因此话题内容选取角度较小，说明议论求准、求精、求新。

二是临场发挥，直陈己见。即席演讲无法事先拟就讲稿，完全依靠演讲者的阅历、知识和才能，当场捕捉信息，展开联想，即兴表达自己的思想、观点和情感。这就要求演讲者在极短的时间内明确观点，组织语言，编制提纲或打好腹稿；说情况，讲道理，表看法，提意见，言简意赅，要言不烦，不模棱两可，不晦涩艰深。这种边想边说的演讲方式，难度较大，对演讲者的综合素质要求很高。

三是生动活泼，短小精悍。即席演讲贴近生活实际，短小精悍，简明扼要，时间一般控制在1—5分钟之内，有的甚至只有寥寥几语，要亲切感人，具有一定的思想性、趣味性、知识性，切忌冗长杂散、罗嗦重复、不着边际的官话空话。

四是以小见大，借题发挥。即席演讲常常以点带面，从现象究本质，阐述具有普遍意义的人生道理、生活哲理或社会真理。

即席演讲分为主动式即席演讲和被动式即席演讲两种。

主动式即席演讲是指被现场的情景所感染而主动发表的演讲，多在讨论会、酒会及各种聚会上遇到。演讲者往往由别人的一席话产生联想，或触景生情引发讲话的冲动。这样的演讲通常感情激昂真挚，态度坚定自信，内容丰富充实，有很强的说服力和感染力。

被动式即席演讲是指演讲者原本不准备演讲，但被主持人或组织者临时邀请所发表的演讲，如赛场点评、获奖感言等。这种演讲一定要切合主题，紧扣主题，不枝不蔓，不偏不倚，题材新颖，与众不同。

现在的商业需要，以及现代口头沟通所必需的自在随意，使得即席发言的能力不可短缺，我们要能迅速调动思想并流畅地遣词造句。

即席演讲也有很多技巧,掌握了这些技巧,就可以帮助你应对情急时的尴尬,使你能流畅地表达自己的意念。

第一,练习即席演讲。

任何智力正常、拥有相当程度自制力的人,都能发表一场令人接受,甚至很精彩的即席演讲。有几个方法,可帮助你在突然被人邀请说几句话时流畅地表达自己。

几年前,道奇拉斯·弗潘科曾为《美国杂志》写了一篇文章,文章叙述的是一种智力游戏。这个游戏在出现短短的两年时间里,查尔斯、卓别林、玛莉、彼克福等人几乎每天都玩。其实,这种智力游戏不仅仅只是游戏,它也包含演讲技巧里的"站着思考"。下面是弗潘科所介绍的此游戏的玩法:

每人各在一张小纸条上写一个题目,然后把纸条折起,混合起来,再每人抽出一题,要求马上站起来用抽到的题目演讲一分钟。同一题目不能重复使用。

一天晚上,道奇拉斯抽到了一个说"灯罩"的题目。假如你认为容易,那你就试一试,还好他总算过关了。

最重要的是,自从他们玩了这个游戏以后,他们全都发觉自己机敏多了。而对于那些五花八门的题目,他们也了解得更多。但重要的是,他们在游戏中学会了怎样站着思考。

即席演讲的训练有以下作用:

1. 它可以使人们相信自己能够站着思考,增强信心。

2. 这种经验让他们在做有准备的演讲时也不慌不忙,并且更有十足的信心。即使做有准备的演讲,也有大脑突然一片空白的时候。但是,如果有了即席演讲的基础,这样的糟糕情况就会好转。

在这种游戏中,抽签结果常会这样:会计师要讲话剧,而广告员要讲幼儿教育;教师要讲银行业务,而银行家要讲学校教学;伙计要讨论生产,而生产专家则被指定谈运输。

他们从来没有因为困难而放弃过。他们从不把自己当做是这方面的权威,而是经过深思熟虑后,把题目与自己熟悉的知识联系起来。刚开始时,他们讲得也不好,但他们有勇气站起来,并且敢开口说话了。其中有些人觉得简单,而有些人又觉得困难。但他们说这是一种兴奋和刺激!

即席演讲的联结技巧,是常用的另一种方法。就是在拿到一个题目之后,尽可能地以能想象出来的最奇妙的方法,开始叙述一个故事。例如:"几天前我正架着飞机飞行。突然,一大群飞碟向我靠近,并且向我开火,我被迫下降……"铃声响起,这个人的时间到了。接着另一个人继续把故事接下去。等到学员们都讲完了,这个故事或许在国会的大厅里结束,也可能结束在某一个星球上。

培养即席演讲的能力,用这种方法效果很好。一个人获得这样的练习越多,那他在正式发表演讲时,就越能发挥自己,从而自如地应付各种突发情况。

第二,做好即席演讲的心理准备。

在毫无思想准备的情况下,当被邀请发言时,你所希望的就是自己能对某个属于你的领域内的题目发表一些观点。因此,重点是要能够有面对的勇气,并且在短时间内理清讲话的内容。心理上的准备是应对这一情况的良药。

心理上随时准备在各种场合做即席演讲,这是做好即席演讲的第一步。有了心理上的这种准备,你就应当不断地思考,这是最难的事情。但是事实上任何有即席演讲家名号的人,都会分析他所参加过的各种公开场合,来准备好自己的演讲。这就像一个飞行员,不断地向自己提出各种问题,以便随时准备在危急情况下做出冷静而精确的反应。没有一位备受关注的即席演讲员,不是在做过多次从未发表过的演讲后,才把自己训练成功的。

第三,采取适时适地原则。

如果你事先毫无准备,主持人突然请你讲几句,你的心思肯定会乱,这个时刻最需要的是保持冷静。你可以先向主持人致意,说上几句,借以缓和一下气氛。然后最好讲讲和听众有密切关系的话题,因为听众大都只对自己或自己正在做的事感兴趣。有三个来源可以供你撷取意念,作为即席演讲之用。

1.听众本身。如果你想要让演讲轻松进行,就一定要记住这点。

谈谈自己的听众,说说他们是谁,正在做什么,特别是他们对社会和人类做了什么贡献,最好用几个事例来说明。

2.选准话题,找准切入点。既快又准地选择话题,对即席演讲非常重要。从自己熟悉的人或事入手,切入正题,往往可以达到事半功倍的效果。

比如,从现场找话题。你可以讲讲造成这次聚会的情况缘由,是周年纪念日？或是表扬大会？或是年度聚会？或是政治集会？阐明其象征意义,表现演讲主题。

下面是英国首相丘吉尔在美国度圣诞节的即席演讲:

各位为自由而奋斗的劳动者和将士:

我的朋友、伟大而卓越的罗斯福总统,刚才已经发表过圣诞节前夕的演说,已经向全美的家庭致友爱的献词。我现在能追随骥尾讲几句话,内心感觉无限的荣幸。

我今天虽然远离家庭和祖国,在这里过节,但我一点也没有异乡的感觉。我不知道，这是由于本人的母系血统和你们相同，抑或是由于本人多年来在此所得的友谊，抑或是由于这两个文字相同，信仰相同，理想相同的国家，在共同奋斗中所产生出来的同志感觉，抑或是由于上述各种关系的综合。总之，我在美国的政治中心地——华盛顿过节，完全不感到自己是一个异乡之客。我和各位之间本来就有手足之情，再加上各位欢迎的盛意，我觉得很应该和各位共坐炉边，同享这圣诞之乐。

但今年的圣诞前夕，却是一个奇异的圣诞前夕。因为整个世界都卷入一种生死博斗中，正在使用科学所能设计的恐怖武器来互相屠杀。假若我们不是深信自己对于别国领土和财富没有贪图的恶念，没有攫取物资的野心，没有卑鄙的念头，那么我们在今年的圣诞节中，一定很难过。

战争的狂潮虽然在各地奔腾，使我们心惊肉跳，但在今天，每一个家庭都在宁静的肃穆的空气里过节。今天晚上，我们可以暂时把恐惧的忧虑的心情抛开、忘记，而为那些可爱的孩子们布置一个快乐的夜会。全世界说英语的家庭，今晚都应该变成光明的和平的小天地，使孩子们享受这个良宵，使他们因为得到摘自父母的恩物而高兴。同时使我们自己也能享受这种无牵无挂的乐趣，然后我们担起明年的任务，不惜一切代价，使我们孩子所应继承的产业不致被人掠夺；使他们在文明的世界中所应有的自由生活，不致被人破坏。因此，在上帝庇佑之下，我谨祝各位圣诞快乐。

丘吉尔发表这篇演讲的时候，正值 1944 年 12 月，此时第二次世界大战还在进行中，他在演讲中，成功地把政治议论与节日祝愿融为一体，既表现出对侵略战争的谴责和对和平的关注，又尽量避免冲淡节日气氛，而又能做到语言优美，意境深远，实在是一篇即席演讲的范例。

1987 年 8 月的一天，又闷又热。美国海军陆战队司令凯利将军退役了，事先他精心构思了一篇出色的、篇幅较长的演讲稿。可是，当时气温高达 50℃。面对已经在水泥场地上整装列队多时的全体官兵，凯利将军丢开了演讲稿，只说了句："没有比海军陆战队司令更值得自豪的指挥官了，我向你们致敬！"

我向你们致敬!

那天在场的士兵发誓说,这是他们听过的最伟大的演讲了。

如果人们乐意去听,何妨不指出对前一演说人所谈及的某一特殊事物特别感兴趣,然后将它扩大叙述一番。最成功的即席演讲都是真正的当场演讲。他们表达的,是演讲者对听众和场合的感想,他们适时适地,如同手和手套密切相合。他们是为了这个场合,而且是专为了这个场合而量身定做的。他们的成功也就在于此:它们自特殊的时刻里绽放,如极少开放的玫瑰,不多时便又萎谢不见。可是听众所享受到的愉快却连绵不绝,在你尚未想到之前,他们已将你当成即席演讲专家了。

第四,马上举例说明。

即席演讲没有长篇大论,它的时间都不会太长,在考虑场合问题之后,你要做的就是尽快地对题目进行迅速的思索。

让你马上举例说明的理由有三:

1.因为经验很容易复述,即使是即席演讲也是这样,所以你可以从总是在考虑下一句该说什么的困境中解脱出来。

2.它能够帮助你进入状态。起初你可能紧张,但这种紧张感很快就会消失,这时你就有机会把自己的题材考虑成熟,渐渐地进入演讲的最佳状态。

3.因为事件——实例是立刻攫取注意力万无一失的方法,所以你可以立即获得听众的注意。

因此,在即席演讲时,可以经常采取举事例的方法。

第五,紧扣主题,要言不烦。

即席演讲要围绕中心,精心组织材料,材料来源,一靠平时知识的积累,二靠抓取眼前的人和事。联系现场的人和事,就能紧紧抓住听众的注意力。

1848年,法国著名文学家维克多·雨果参加了巴黎市栽种"自由之树"的仪式并应邀发表了演讲:

这棵树作为自由的象征是多么恰如其分和美好呀!正像树木扎根于大地之中,自由之树是扎在人民心中的;像树木一样的自由长青不枯,让人民世世代代享受它的荫蔽……

这么简短的几句话,不仅非常切合当时的场合,用词也非常优雅。语言大师的用词方法是值得反复玩味的。

第六,要做即席演讲,切莫即席乱说。

即席演讲中切忌不着边际的胡扯瞎说,用不合逻辑的话把本不相关而无意义的事拉在一起。你必须围绕一个中心思想,把自己的意念合理归类。而这个中心思想,很可能就是你要说明的。你所举的事例应与这个中心思想一致。同时再提醒你一次,若能抱着至诚来讲演,你必然会发现自己当场演讲时,精力充沛且又效力无穷,这是有准备的演讲家不能企及的。

临时被要求发言,或多或少感到紧张是很正常的。只要不紧张到语无伦次甚或瞠目结舌愣在那儿,总还算是无伤大雅。适度的紧张有时反而有益,因为这样往往更清楚地流露出演讲者的坦率与热诚,因而更容易赢得听众的共鸣或赞许。毕竟,听众对即席演说者的期望是不那么严苛的。

第三十章

30

命题演讲的技巧

一场演讲就像已经确定了目的地的旅行，也要按照路线安排，朝着目的地前进。没有规划，散漫的演讲，也就没有目标，最终将结束于散漫之中。命题演讲就是让你在演讲中，始终不偏离路线。

——卡耐基 《演讲的艺术》

命题演讲是根据指定题目或限定的主题,事先做了充分准备的演讲,一般都写好了讲稿并经过精心设计和反复演练,也有不写讲稿,只拟提纲或只准备腹稿的。命题演讲一般具有严谨、稳定、针对性强的特点。

第一,要有周全的准备。

众所周知,1863 年 11 月 19 日,林肯在葛底斯堡国家烈士公墓落成典礼上的演讲被尊为英语演讲史上的最高典范。那么,林肯是怎样成功的呢?

林肯是在举行典礼前两星期才接到通知的,主办者请他在埃弗雷特先生演讲之后"说几句话"。为此,林肯进行了精心的准备。在这两星期内,不论是在路上,还是在办公室,一有时间他就思考着他的演讲,在内容上、艺术上都做了整体的考虑。演讲的前一天晚上,他还在葛底斯堡旅馆的小房间里润色讲稿并高声试讲,请秘书提意见。最终,他的演讲获得了巨大成功。

可见,巨大的成功与演讲前的精心准备是分不开的。

首先,要研究听众。要了解听众的职业、身份、性别、年龄、文化程度、生活阅历、兴趣爱好及现时的心理活动,这样才能因人而异,达到吸引听众的目的。

如果演讲者是著名政治家、科学家、演讲家、学者、明星等,听众慕名而来,主要是为了一睹名人的风采,则不必过于计较演讲的水平,由于潜在的崇拜心理,名人的演讲往往能激起异乎寻常的强烈反响。

如果听众是为了求知而来,如学术讲座、技术辅导、国外见闻等,演讲内容一定要充实、条理清晰。

如果听众是为了欣赏而来,那么,演讲者要充分展示自己的口才魅力和表达技巧。

命题演讲首先涉及主题问题。要把握几个关键点:一是选择角度要新、要适度、要有时代感;二是选择自身的优势,使得选题既能应"口",又能迎合听众的需求;三是主题要单一。演讲稍纵即逝,讲得太多、太杂,反而适得其反。正如德国著名演讲家海因兹·雷曼所说:"在一次演讲中,宁可牢牢地敲进一个钉子,也不要松松地按上几十个一拔即出的图钉。"

第二,命题演讲也要讲究技巧。

新颖别致的开场白是必不可少的,是演讲者跟听众之间架起的第一座桥梁,是否成功和精彩,将直接影响整场演讲的效果。

开场白的设计应该是新颖别致,目的明确,耐人寻味,有声有势。真诚而热烈的感情才能打动人心,才能引起听众心灵的交汇和共鸣。典型的事实,丰富多彩的活生生的形象更能直接打动听众的思想和感情。引人入胜的内容和动人心魄的高潮,会使演讲达到出神入化的佳境。

1963 年 8 月 28 日,马丁·路德·金站在林肯纪念碑的台阶上发表了《我有一个梦想》的演讲。在高潮阶段,他高举双臂,以充满电力的嗓音高声朗诵一位老黑人的精神赞歌,借此呼唤黑奴的解放:

当我们让自由之声轰响,当我们让自由之声响彻每一个大村小庄,每一个州府城镇,我们就能加速这一天的到来。那时,上帝的所有孩子,黑人和白人,犹太教徒和非犹太教徒,耶稣教徒和天主教徒,将能携手同唱那首古老的黑人灵歌:"终于自由了! 终于自由了! 感谢全能的上帝,我们终于自由了!"

这就是一场经典的成功演讲的最佳范例。

第三,锦上添花的态势语。

态势语也是传情达意的重要手段,演讲者在充分掌握并恰当运用有声语言的基础上,若能情绪饱满,动作自如,表情丰富、得体,就能取得理想的演讲效果。革命导师列宁在演讲时,两眼凝视听众,精神饱满,信心十足。他通常离开讲台讲话,身子不停地前俯后仰,左手大拇指习惯地插在背心肩口。右手总是在挥动着———"他的演说总是让你亲身感觉到真理是无可辩驳的"。

站姿最能显示演讲者的伟岸形象。比较好的站姿有两种:一是自然式站法。即双臂自然下垂或交叉放于胸前;两足平行,并拢或相距与肩同宽。二是前进式站法。即一脚在前一脚在后,两足间距成 45°角,重心略侧于前足,身体稍微前倾。

他的演说总是让你亲身感觉到真理是无可辩驳的。

面部表情最能迅速、充分地反映人类的各种情感,如高兴、悲伤、愤怒、恐惧等。沉着的表情,接近自然状态,给人以不慌不忙、成竹在胸之感,多用于上、下台之时。面带微笑,给人以温和、亲切之感,多用于演讲开始时。愤怒时,牙关紧咬,给人以疾恶如仇、爱憎分明之感,用于感情激动愤懑之时。悲哀时面色阴沉,肌肉微颤,声音哽咽,用于感情悲伤痛苦之时。神采奕奕的表情,给人以朝气蓬勃、奋发向上之感,多用于高潮和结束时。

眼睛是心灵的窗户,演讲者可以用眼神与听众进行持续性的目光交流,以增强感情联络,控制会场气氛。

手势能强调或演示演讲的信息内容,能生动地表达有声语言所无法表达的内容。

声音和态势的完美结合,能够更好地把演讲者的主张和见解这种内部语言传输给听众,把内部语言完美地转化为外部语言,并渗透着强烈的感情因素。

用抑扬顿挫的不同语调和急缓快慢的不同语速进行演讲,可使听众将分散的注意力又转移到演讲者身上,使演讲者始终处于听众注意的中心地位。

　　脱稿演讲,既有助于增强听众对演讲者的信服感,也有利于更好地和听众交流。

　　如果演讲过程中出现一些不利情况,如听众情绪欠佳,看书看报,昏昏欲睡,交头接耳等情况,演讲者应迅速分析个中原因,从容考虑应对措施,适当的幽默可以给听众提神;如果前面的演讲时间太长,则可删除一些无关紧要的材料等。演讲者应该努力营造一个让听众和自己完全融为一体的氛围,使自己的演讲达到预期的目的。

第三十一章

31

简短演讲的技巧

要记住，听众对你在台上的道歉或辩解不感兴趣，不论你在说这些话时是出于真心还是一种台面上的客气话。他们需要的是行动。

——卡耐基《演讲的艺术》

　　演讲的目的概括起来,不外乎以下四种:

　　1.说服听众,取得响应。

　　2.说明情况。

　　3.增强印象,使人信服。

　　4.使人愉悦。

　　我们还是以亚伯拉罕·林肯总统一系列具体的演讲实例来说明吧。

　　很少有人知道,林肯曾经发明过一种可将搁浅在沙滩或其他阻碍物中的船只吊起的装置,并获得专利。他把这种装置的器械模型放在他的律师事务所的办公室里,当朋友看到这个模型时,他就会不厌其烦地向朋友讲解它的功能、制造方法,等等。这种讲解的主要目的,就是说明情况。

　　当他在葛底斯堡发表那篇不朽的演讲时,当他发表第一次和第二次总统就职演讲时,当亨利·克雷逝世,由他就其一生致悼词时,他在所有这些场合,演讲的主要目的就是增强听众的印象,使人信服。

　　因为许多演者都没能把自己的目标与演讲对象的目标相匹配,以至于在讲台上手忙脚乱,思维混乱,错误百出,最终招致失败。

　　是否有什么方法可以通过演讲材料的安排,使我们能一蹴而就地打动我们的听众,使他们乐意按我们的要求去行事呢?

　　第一,以自己生活中的事例来说明。

　　每天,我们的身边都会发生许许多多的事情。这些事情在你演讲中应占大部分。在这个阶段,你应该把你从中学到的描述出来。根据心理学家的说法,我们一般有两种学习方式:一种是习惯性的学习方式,许多相近的事件会塑造我们的行为模式;第二种方式是突发的方式。每一件特别发生的事件都会对我们造成影响,改变我们的行为模式。我们每个人都曾有过特殊的经历,不用苦思冥想,就可以从记忆中找到。这些亲身得来的经验会影响我们的行为举止,如果你把这些经历真实地再现,也可能会影响其他人的行为举止。之所以会达到这样的效果,是因为人们对真实的述说和亲历真实的事件的感受方式几乎是一样的。当你叙述时,要尽力让事例凸显真实可信,令听众感同身受,更要加入你的经验感悟增加趣味。

　　从你特殊的经历得出经验。发生在你身上并且令你永世难忘的特殊经验,是构成以说服为目的演讲的首要组成部分。这样的事例,可以促使听众们思考并付诸行动——在他们想来,你遇到的事情,他们也可能遭遇,那就有必要记住你的经验和忠告,施以相应的行动,尽量避免。

　　第二,第一句话就直奔事例细节。

　　把事例放在演讲的开端,很重要的一个原因就是为了在第一时间抓住听众的注意力。一些演讲者不能在开场就赢得听众的关注,大多是先致歉意或者用一些泛泛之词,这是最让听众倒胃口的做法。"我还不习惯在这么多人面前演讲",这话听起来更遭人讨厌。

　　1969年6月19日,美国"阿波罗11号"飞船点火升入太空,5天后,即6月24日,乘坐该飞船的两位美国宇航员首次在月球上登陆,开辟了人类历史的新纪元。当宇航员登上月球之际,时任美国总统的尼克松通

过电视发表了一篇演讲：

因为你们的成就，使天空也变成了人类世界的一部分。而且当你们从宁静海对我们说话时，我们感到要加倍努力，使地球上也获得和平和宁静。

在这个人类历史上最珍贵的一刻，全世界的人都已融合为一体，他们对你们的成就感到骄傲，他们也与我们共同祈祷，祈望你们安返地球。

这篇演讲之所以闻名于世，不仅仅是因为它简短，只有几分钟，只有几句话；也不仅仅是因为它是一位地球人向登上月球的另两位地球人发表的首次讲话，而是因为尼克松抓住人类历史上一个值得纪念的珍贵时刻，把对宇航员的讲话，扩大到以全体地球居民为对象，而且透过字里行间，让人感受到美国的科技实力，并且借机宣扬了美国的对外政策。

第三，用"从前"打开幻想之门。要是你在开头所说的话满足了下述问题其中之一：什么人？什么时间？什么地点？什么事件？如何发生的？因为什么而发生的？那你已经掌握了世界上一种最古老但最有效的赢得注意力的方法。"从前"就像打开魔法大门的咒语，它开启了人们幼年时的幻想之门，运用充满人情味的方法，你将轻松地引导听众对演讲的倾听之心。

第四，充满围绕中心的细节。

如果你围绕你的话题重点，用精彩的语言来渲染你的故事，确实是最好的方法。它可以帮助你重现当时的状况，让听众感觉历历在目。你就是要让听众看到你所看到的，听到你所听到的，感觉到你所感觉到的。要做到这一点唯一的方法，就是使用丰富而具体的细节。如同前面所指出的，讲清楚时间、地点、人物、事件和发生的原因五个要素和特定的语气来刺激听众的视觉想象。

第五，叙述时让经验重现。

在你以事例进行描述时，在其中加入越多的动作和激动的情感，就越能给听众留下深刻的印象。演讲不论多么的富于细节，若演讲者不能以再创造的热情来讲述，演讲依然没有力量。你想给我们描述一场大火吗？

那就把消防队与火焰搏斗时人们感受到的激烈、焦灼、兴奋、紧张的感觉

传递给我们。你想告诉我们你同邻居间的一场争吵吗？把它再现在我们眼前，让它戏剧化。你想诉说在水中作最后挣扎时袭上心头的惊恐感觉吗？就让我们感受到生命里那些可怕时刻里的绝望吧！举例的目的之一，就是让自己的演讲被人们牢记不忘。只有让事例深印在听众脑海中，他们才会记住你的演讲，以及你要他们做的事。

第六，指出问题的关键，直接向听众提出请求。

这一步通过三条法则而进行：

首先，重点简明扼要。

要简明扼要地告诉听众，你想让他们做什么。人们一般只会去做他们清楚了解的事情。更为重要的是，你的请求一定要是明显的行动，可以看得见的，而不是心理活动，那太含混了。

其次，重点简单易行。

不论问题是什么，是不是还争论不清，演讲者有责任把自己的重点和对行动的请求讲得容易让听众理解和行动。最好的方法就是你的主张要明确。

再次，满怀信念地陈述重点。

主张,就是你谈话的全部主题,或是观点、要点,因此应该有力而信心十足地陈述出来。就像标题的字母会特别显著突出一样,你对行动的请求也应该通过激烈的演讲,直接强调。

第七,给出理由和听众付诸行动的好处。

推销员为了让你买他们的产品,可以一口气说出十好几个理由来,同样,你也能为自己的观点举出好几个理由,而且还全都与你的事例相关。不过,最明智的做法,还是选择一个比较特殊的理由或是好处,用简短明确的语言表述出来。

第三十二章

32

说明性演讲的技巧

每天，我们都要做很多次说明性的谈话，比如提出说明或指示，提出解释和报告。每星期在各地对听众所做的各种类型的演讲中，说明性的演讲仅次于说服获得行动响应的演讲。清楚说话的能力，其实也是打动听众去行动的能力。

——卡耐基 《演讲的艺术》

每天，我们要做很多次说明性的谈话，比如提出说明或指示，提出解释和报告。每星期在各地对听众所做的各种类型的演讲中，说明性的演讲仅次于说服获得行动响应的演讲。清楚说话的能力，其实也是打动听众去行动的能力。欧文. D. 杨是美国工业巨子之一，他也强调清晰的表达重点在当今的必要。

当一个人具备了让人们了解自己的能力时，他也就获得了走向成功的有用的价值。

当然，在我们这个社会里，即使是最简单的事情，人们也应该彼此合作，所以，他们首先必须相互了解。语言是了解的主要传递媒介，所以我们必须学会使用它，不是粗略地，而是精确地。

第一，限制题材，以配合特定的时间。

威廉·詹姆斯教授有次在跟教师们谈话时指出，一场演讲，最好限定自己只讲一个论点。他所指的一场演讲，是指持续达一个小时的演讲。但令人奇怪的是一位演讲者在一开始时便宣称，他要在指定的 3 分钟内，提到 11 个论点，也就是每个论点只有 16 秒半的时间！真是不可思议！谁会做这么荒唐的事？不错，这个例子是比较特殊，但纵使情况没有这么严重，对任何一个新手来说，论点太大也注定要出差错。这就好像导游想在一天之内带领游客游遍整个巴黎一样。当然这也不一定不可能，我们当然可以在 30 分钟之内走完"美国历史博物馆"，但是结果一定是既看不清楚，又无乐趣可言。许多演讲之所以讲不清楚，就是因为演讲人企图在指定的时间内创下世界纪录。他急切地从一个论点跳跃到另一个论点，敏捷、快速，就好像高山上的羚羊一般。

许多有经验的演讲人也时常犯下这种错误，也许是因为他们在其他方面的能力使他们忽略了这些错误的严重性。你一定不能像他们那样，一定要把握主题。假如你要使听众对你所讲的东西清楚明了，一定要让他们随时想到："我了解这个人，我知道他现在在何方！"

第二，概念条理清楚。

几乎所有的题材都可以因恰当的安排而增强效果，这包括时间、空

间，或特殊话题的安排等。举例来说，在时间安排方面，你可以把材料就过去、现在、将来的顺序进行安排；或是先选定一个日期，然后就这个日期向前或向后叙述。此外，所有对事件的说明必须由第一手资料开始，然后经过各种制作过程生产出成品。当然这其中到底应安排多少细节，由你的演讲时间来定。

在空间安排方面，你可以把自己的概念先由中心点开始然后逐渐向外扩展，或是依照东、南、西、北四个方向逐一介绍。比如你想介绍美国首都华盛顿，不妨先从白宫谈起，然后根据方向，按顺序说明每一个值得介绍的地方。又假如你想介绍飞机引擎或汽车，最好也是按照它们的零件构造，逐一说明。

第三，依次说出自己的要点。

要想让整个演讲在听众心中留下鲜明简洁的印象，一个最简单的方法就是，在你说明的过程当中，把要点一个个地列举出来。

"我要说的第一个要点是……"你可以像这样简单明了地说出来。在你讨论自己的论点的时候，可以明白地向听众宣示这是你的第一个论点，然后是第二、第三……一直到最后。

拉尔夫·布切博士在担任联合国秘书长助理的时候，有次应邀到纽约罗切斯特的市政俱乐部发表演讲。他直截了当地这样说："今晚，我被选来讲述'人际关系的挑战'，理由有两个。第一……"然后，他又接着说："第二……"在整个谈话过程中，他都非常用心地让听众了解他的论点，然后才进入结论："因此，我们永远不要对人类行善的潜在力量失去信心。"

经济学家保罗·道格拉斯也喜欢用这样的方法，但是有点小小的改变：

"我的主要重点是……"他这样开始，"刺激经济复苏最简捷有效的方法是：减少中下阶层的课税——因为这些课税通常都会用尽他们所有的收入。

"其次……"他又继续说道。

"接着……"他继续说道。

"还有……"他继续说道。

"其中有三个主要原因。第一……第二……第三……"

"总而言之，我们必须尽快减少对中下阶层的课税，如此才能真正增加群众的购买力。"

第四，用大家熟悉的观念阐述新的观念。

1. 将事件转化成图像。

单从耳朵听来的印象并不容易记住。但眼睛的印象怎么样呢？在多瑙河畔可以见到一颗炮弹嵌在河堤上的一座老房子上——那是拿破仑在"乌尔姆战役"时发射的炮弹，视觉印象就如同那颗炮弹一样，产生了可怕的冲击力，嵌入人们的记忆里，并驱逐所有不利的建议，就像当年拿破仑驱逐当地的奥地利人一样。

2. 避免使用专业术语。

假如你是专业的技术人员，如律师、医师、工程师，或从事特殊的商业买卖的商人——在你为普通听众演讲的时候，请记住一定要用一般的日常用语，必要时还需详细解释一下。

第五，运用视觉效果。

想要让别人了解你，或是引起别人的注意，仅凭语言是不够的，你要借用一些戏剧化的方式，以达到良好的效果。最好的方式莫过于借用图画的形式，来表现对和错两种截然不同的观点，图表比文字有力度，而比图表更具说服力的就是图画了。

第六，使用展示物。

在听众面前，说出自己的想法，同时展示给他们看，这种视觉刺激将会带给听众记忆犹新的感受。当你使用展示物时，要注意下面几点：

不要让听众提前看到展示物，在真正需要时才展示出来。

展示物必须足够大，以保证最后一排的听众也可以清楚地看到，不然，听众又怎能从展示物中得到启迪呢？

继续演讲时，不要让展示物在听众手里传阅，这等于是给自己找了个分散听众注意力的对手。

将展示物举起，令所有人目光可及。

若是条件允许，可以在现场利用展示物作示范，那样会比举出 10 样物品的效果好上百倍。

不要盯着展示物讲话，你的沟通对象是听众，而不是它。

展示物使用过后，立即收起来，放在听众看不到的地方。

畅销全球的成功励志经典

百年励志经典